JN223846

榛名山東面の生活と文化を訪ねて

酒井正保

もくじ

民話編

ふるさとの民話を訪ねて

信仰・民間信仰編・他

社寺編

前橋市清里の祖先の心を訪ねて

石造物編

民間信仰編

年中行事編

前橋市清里の年中行事を訪ねて

民俗芸能編

民俗芸能無形文化財考

わらべうた編

解説編

前橋市清里地方の伝承わらべうた

楽譜・歌詞編

付――わらべうたの音組織――

本書をお読みになる前に

榛名山東面に住む人々は、古代から榛名山の雄大な大自然と共に生活してきたに違いない。そして名物の雷と空っ風の中を生き抜いてきたはずである。万葉集の東歌に

伊香保嶺に雷な鳴りそねわが上には
故は無けども児らによりてそ

とある。「伊香保（榛名山）の雷よ激しく鳴らないでおくれ、私の恋人が怖がるから」と訳せましょうか。さらに

伊香保風吹く日吹かぬ日ありといえど
吾が恋のみし時無かりけり

「伊香保風（空っ風）は吹く日と吹かない日があるが、私は恋するあなたを毎日愛し続けているのですよ」。万葉集を口語訳にするとはと苦笑されると思いますが、お許し願いたい。二首とも何とロマンに満ちた歌であろう。千三百年も前に榛名山東面に住む人々も、この歌を民謡のように声にして歌っていたに違いない。

さて本著を書く動機となったのは平成二十年から二十二年まで、榛名山東面に位

置する前橋市清里公民館の「地域づくり講座」の講師として、この地域の民俗について話しさせていただいたからである。講義の最終日、参加者から「三年間の講義を一冊に」との声が高かった。

しかし、清里地区だけでまとめることには抵抗があった。それは隣接の町村との深い関わりが古くからあるからだ。例えばこの地域の清野町の野良犬獅子舞は、北群馬郡吉岡村（現吉岡町）南下《みなみしも》の下八幡宮の獅子舞を江戸期に十三文伝授料を払って伝承。また青梨子町天満宮の寝牛は北群馬郡榛東村大字山子田在住の石工の作。

さらに池端町の天明寺の文殊菩薩は、榛名山の上の平の寺に安置されてあった十三仏を鎌倉時代に付近の村で一体ずつ分け合い、池端村では文殊菩薩を譲り受け天明寺に安置。なお天明寺はかつて碓氷郡八幡村（現高崎市八幡町）の大聖寺の末寺であった。このように例を挙げたら際限がない。かつては清里地域のみか、いずれの地域も隣接の町村と助郷としても深い関わりを持ち合って生きてきたのだ。

そこで清里地域と榛名山東面の市町村の民俗を含め「榛名山東面の生活と文化を訪ねて」と題して、東面の人々がどう生きてきたかの一領域を本著にまとめたのである。なお、東面については今後、版を重ねなければと考えられる。さらに東面という極地にとどまらず現在、県内でも伝統ある神楽や獅子舞の担い手が伝承に困窮している向きがある。そこで神楽や獅子舞の在り方について長い年月、民俗芸能の調査研究も経てきた私的な考えを述べてみた。

なお、数年前から邦楽教育が義務化された。そこで本著の終章に学校教育で即、活用できるようにわらべうたを楽譜化し、それにまつわる音楽理論も楽譜を通して掲載した。さらに幼稚園や小学校でも十分生かせるように、音楽（邦楽）教育の基本であるわらべうたのリズムについて、ことばのリズム譜などを交えて分かりやすくその実践を述べてみた。

最後に、民俗調査でお世話になった多くの方々と、出版を引き受けてくださり編集でも大変心配りをいただきました上毛新聞社出版部長の綱島徹氏に深く感謝致します。

平成二十七年夏
著者

民話編

ふるさとの民話を訪ねて

民話は子供のものではない。大人と子供の共有の伝承文化である。前世代の大人が次世代の子供に語り聞かせるものである。

民話とは一体どんなものなのだろうか。

①作者が不明である。

②その地域や家に幾百年も語り継がれている。

③語り手が素人である。

④その地方の方言で語られる。

⑤民話は人間の生き方を教えてる。

昔は寺小屋で僧侶が読み、書き、ソロバンを教えた。しかし、寺子屋に行けない者は字が読めない、書けない、文盲だった。文盲だからといって地域で生きるのに「何をしてもよい」という自分勝手は許されなかった。

地域には十分の掟があった。誕生祝、成人祝、結婚、旅立、火事、葬式、請負、病気、水害、供養の十のつきあいである。地域で非協力なことをすると村八分にされる。火事と葬式以外つきあいをされない。するとその地域で生きていけなくなる。村八分である。

文盲であってもその地域に従って生きることを教えたのが民話である。民話は人間の生き方を教えた貴重な伝承文化である。民話は古老の口から子供の耳へそして心へと流れていったのである。

怪力持ちの庄右衛門の話　Ⅰ（前橋市青梨子町）

むかしむかし、引間の村にうんと力持ちの庄右衛門とゆう人がいたんだとさ。
村の人たちはだれ言うとなく
「あんなに馬鹿力が出るなあ神様の落とし子にちげえねえ」
って言っていたんだと。
ある日、村中の人が集って川にでっけえ石で石橋を架ける仕事をしていたと。ところが石があんまりでっけえんで村中の人がツナを付けて引っぱっても少しも動かねえんだと。ところが力持ちの庄右衛門がそこを通りかかったと。村人たちは
「庄右衛門、庄右衛門いい所に来てくれた。石橋を川に架けるんだが村中の人がかかってもどうにもなんねえ。一つこの石を川に架けてくれめえか」
って頼んだんだと。すると庄右衛門なあ「このくれえな石を動かすなあ屁のようだ」
って言いながらそのでっけえ大石に両手をかけて
「やれやれどっこいしょっ」
って言いながら持ち上げたと。すると村人が
「あれ、あれ、ありゃあなんだ」
って言いながら庄右衛門のワキの下の方へ指を差したと。村人は皆んなその指の方を見たと。すると石を持ち上げている庄右衛門のワキの下から幾本もの手が出て大石をささえているんだと。庄右衛門はそれとは知らずあっと言う間に川にそのでっけえ石の橋を架けてしまったんだとさ。ところが村の人たちが庄右衛門に

「庄右衛門、庄右衛門おめえのワキの下から幾本も手がめえたがありゃあ神様の手だったんだんべえ」っとゆうと庄右衛門はがっくりとうなだれていたと。それから庄右衛門の怪力は出なくなってしまったんだとさ。

おしまい

怪力持ちの庄右衛門の話 Ⅱ（笑い話）（前橋市青梨子町）

むかしむかし、庄右衛門ちゅうものぐさの人がいたんだとさ。庄右衛門は毎日仕事もしねえでぶらぶら遊んでべえいたと。ある夏の暑い暑い日だったと。めずらしいことに庄右衛門が赤坊をおぶって田の草取りをしているんだとさ。そこを村のテエ（衆）が通りかかったんだと。村のテエは庄右衛門がめずらしく働いているのをみてびっくりしたと。そこで村のテエが
「庄右衛門、こんな暑いんに赤坊をおぶって、田の草取りをしているなんて、めずらしいじゃあねえか」
って言うと庄右衛門は田の草を取るのを止めて
「背中にしょってるなあ赤ん坊じゃあねえ。おれの「持ち物」が長くてでっけえんで、おれの腹にひとまあり回して残りい背中の上に出して、暑（あち）いから麦わらぼうしをかぶしておくんだ」
っていうんだと。村のテエは、すっかりぶったまげてしまい、二の句が出なかったんだとさ。

おしまい

カッパのお礼の話（前橋市上青梨子町）

むかしむかしなあ、じいさんが川の近くに馬（うんま）あつないで仕事をしていたんだとさ。するっちゅうと、馬がひひんひひんって啼くんだと。じいさんなあぶったまげて、馬の方を振り向いてみると馬がうんとあばれているだとさ。じいさんは、馬の所へ飛んでったと。するとカッパの子供が、馬の尻尾（しっぽ）につかまって、ぶら下がっているんだとさ。じいさんはそのカッパの首根っこひっつかんで

「おいカッパのガキこんな所でなにいしてるんだ。おらあちの馬に悪いことをしたり、村の子供を川で殺すなあ。おめえの仕わざだな。今日はぶち殺してくれるから覚悟しろ」

ってじいさんは大声でどなったと。すると可愛想にカッパの子は、ちいっちえ手足をぶらぶらさせながら

「じいさん、かんべんしてくんなかんべんしてくんな。これからわりいことをしねえからかんべんしてくんな」

って泣きながらあやまるんだとさ。じいさんなあ、カッパの子供があんまり泣きながらあやまんで、可愛想になってしまってさ、村のテエ（衆）がだれか見ちゃあいねえかな、とまありを見回して

「これっからなあ悪いことをするんじゃあねえぞ。早くお父っちゃんとお母ちゃんとけえ、けえってぎな」

って言ってカッパの子供を川ん中へ放してやったんだとさ。するっちゅうと、カッパの子供はうれしげに、幾けえも幾けえもじいさん方を振り向きながら、川ん中へへえっていったとさ。じいさんなあ、その日は仕事を止めてうちいけえって来っちゅうまったんだと。ところがむし、一晩たって朝起きて

みると、庭先い置いた水桶ん中に川魚がいっぺえへえっているんだとさ。それっから毎晩（めえばん）毎晩カッパが川魚をお礼に持って来てくれたんだとさ。

おしまい

屁を質に入れた屁徳さんの話（前橋市青梨子町）

むかしむかし、名主で金貸しをしていた治太夫（じだゆう）という人がいたんだとさ。ある日その治太夫さんの家に、村きっての屁の名人の屁徳（へとく）さんが

「名主様名主様、今日は特別なおねげえがあって来たんでごぜえますが、聞いてもらいめえか」

と言ってやって来たと。名主さんが聞いてみると、なんと

「屁を質に入れるから金を貸してくれ」

というんだと。名主様はびっくりして

「屁徳さんどのようにして屁を質に入れるのかな」

って聞くと屁徳さんは

「屁を二つするから三両貸してくれ」

って言うんだと。それを聞いた名主様は

「屁二つで三両は高すぎる。まけて二両にしろ」

って言うと屁徳さんは渋い顔をしていたが

「二両で我慢すべえ」っていったと。

名主様は屁徳さんに
「どんな音の屁を二つするのかな」
って聞くと屁徳さんは
「一つはハシゴっ屁と、あと一つは梅の老木を屁でやります」
っていったと。
それを聞いた名主様はびっくりしたと。すると屁徳さんは
「それではこれから質に入れる屁をやらかすべえ」
っと言ったかと思うと、ハシゴっ屁から始めたと。でっけえ音でブーブーと引き伸ばした屁を二つして。
「これがハシゴの親木でがんすよ」
って言いながら今度はブーブーブーッと続けて十一回屁をやらかして
「これがハシゴの横棒でがんす。次にハシゴにクサビぃ打（ぶ）っておくべえ」
って言いながら小きざみにプププッと二十三回ひり続けて
「これで十二ゴのハシゴの出来上がりでがんす」。「次に梅の老木う屁でやるべえ」
って言って、ブウーウウウブウーウウウって屁をして
「これが梅の老木の曲がりくねった幹のわけでがんす」「次に枝を出すでえ」
って言ってブブーブブーブブーっと幾本かの枝あ屁でして
「ついでに枝に花を咲かせておくべえ」
って言って、プァプァプァプァプァプァと屁を小きざみにして
「これで梅の老木の出来上がりでがんす」
っと言って名主様から二両借りてせっせと帰って行ったと。
それから何年かたって、屁徳さんは二両の利子も働き出して、名主様の所に金を持って来て

「いつか借りた二両と利子を持って来たもんであのとき質に入れたハシゴの屁と梅の老木の屁をけえしてもれえてえんでがんすが」
と申し出たと。ところが名主様あ、屁がうんまく出きねえんで困り果ててしまい
「屁がけえせねえから二両の金は屁徳さんに差し上げます」
って言って屁徳さんは二両の金をもらい、大喜びで家（うち）い帰って来たんだとさ。屁を質に入れた話はこれでおしまい。

うばすての話（前橋市上青梨子町）

むかしむかし、六十になると年寄を、うばすて山へ皆んなすてたんだとさ。ある日、むすこがおばあさんを背負（しょ）って山へうばすてに出かけたと。途中まで行くと背中におぶさってるおばあさんが、木の枝をボシッボシッと折るんだと。むすこは不思議に思って
「ばあさん、なんで木の枝なんか折るんだいのう」
って聞くと、ばあさんは
「わしゃあなあ山へすてられりゃあいいが、暗くなって、おめえさんなあ、うちいけえらなけりゃあなるめえ。折ってある木の枝あ目印にして、けえればうちいけえることができるだよ」
ってゆうんだと。むすこは、ばあさんがおやげなくなって、人に知れねえように、家い背負ってきてうちの奥りへかくしておいたと。するとあるとき、殿様から村へ、灰（へえ）で縄あなってこう」というおたしがあったんだとさ。

むすこは、へえでどうにしたら縄がなえるんかと思ったが、どうしてもわからねえんだと。そこでむすこは、うちの奥りにかくしておいたおばあさんに聞いてみると。するとばあさんは「わらを塩水に七日間つけてから、よおくたてえて縄にない、それを火で燃やせば灰の縄が出来るんだ」っと教えてくれたと。むすこは、ばあさんの言うとおりにして、灰の縄を作り殿様の所へ持って行ったと。すると殿様はびっくりして

「どのようにして灰で縄がなえたのかな」

と聞くんだとさ。むすこは、恐ろしくなって答えられず下を向いていると、殿様は「早く言え」と言うんだとさ。むすこは、恐る恐る

「殿様かんべんして下せえまし。ばあさんのを、うばすて山まで連れてったが、おやげなくなって家に連れてけえり、かくしておいたばあさんに、灰で縄のない方を教わったのでごぜえます。お許し下さい。お許し下さい」

と幾回も幾回もあやまったと。殿様はしばらく考えていたが

「よろしい。よく灰で縄をなってきた。ほうびをつかわそう」

と言ってたいそうほうびをもらい、それからその村では、お年寄を山へうばすてをしなくなったんだとさ。

おしまい

オシラ様の話（前橋市上青梨子町）

むかしむかし、おとっつあんとおっかさんと娘の三人で暮らしていたんだとさ。ところが母親が病気になって死んでしまったんだと。それでそのうち（家）ではまま母をもらったんだと。ところがまま母は娘が邪魔になりうんといじめたと。

ある日、父親が幾日も家をあけることになったんだとさ。すると、まま母は父親の留守に娘を山のうんと奥に連れて行き、獅子落としの穴に突き落として、まま母だけが家に逃げけえって（帰って）来たんだと。すると、不思議なことに穴に突き落としたはずの娘が、まま母より先に家にけえって来てるんだとさ。まま母はうんと怒って、今度は深けえ深けえ竹やぶの中へ、娘をすてて来たと。するとまたまま母より先に家にけえって来てるんだと。

まま母はますます怒って、今度は娘を舟に乗せて川へ流してしまったと。娘を乗せた舟はどんどん、川下へ流れて行ってしまったんだとさ。まま母は「これで、あのにくい娘もけえって来られめえ」っと言って喜んでいたと。ところが、娘を乗せた舟を川下の村の人が助けてくれて、娘はまた家にけえって来たんだと。それを見たまま母はうんと怒って、庭の隅に穴を掘り、その穴の中へ娘を入れ土で埋めてしまったんだとさ。幾日かして父親がけえって来ると、娘の姿が見えないのでまま母に聞くと「娘はどけえか行ったんだんべえ」と言うんだと。父親は不思議に思ってふと庭先を見ると、庭の隅がピカピカ光り出したと、父親は不思議に思って、庭のそこを掘ってみると娘がいけられて死んでいるんだとさ。父親はうんと泣いたと。父親は娘の墓を作り毎日毎日拝んだと。それからちょうど四十九日の日、いつものように父親が墓参りに行くと、墓の廻りに白い虫がいっぺえはい回っているんだとさ。父親はその虫を見て「これは娘が生まれ変わったんだ」と言ってその虫を持ちけえったと。それからその虫はだんどん大きくなり、口から糸を吐き繭を作りさなぎから蝶になり、その蝶は娘にそっくりで、それが「蚕の神様オシラ様」なんだとさ。

おしまい

あずき研ぎばばあの話（前橋市青梨子町前原）

むかしむかし、あずき研ぎばばあに、連れて行がれちゅうまった、子供があったんだとさ。ある日、晩方までかくれっくらあしていた近所の子供が二人家にけえ（帰）って来ねえんだとさ。うちのもん（者）なあ心配して、村中にフレエ回して一晩中さがしたが、ついとめ（見）つかんねんだと。次の日も、近所の人たちがさがし回ったと。すると昼を少し回った頃、近所のもんが「このがきがでっけえ杉の木の下に、死んでようんなってうずくまってた」って言いながら、びしょ濡れになった男の子をしょ（背負）って、かけ込んで来たんだとさ。それから間もなくして、別の近所のテエ（衆）が「このガキ（子）が畑の麦っつあくの中で、死んだようなってうずくまってたあ」って言いながら、ぐったりしている子供をしょってうちい飛び込んで来たんだとさ。家のもんも近所のテエも、口を揃えて「まあめっかあってよかったよかった」と言って喜んだと。しばらくして家のもんが「どうしてうちいけえれなかったんだ」って子供に聞くと「細っぺえ顔で白髪の頭の毛えぶっちらかして、つめえ長あく伸ばした、おっかねえばあさんが〈おばあさんと山へヤブンダ〉といって、おれたちい横っかけえにして、わかんねえとけえ連れていっちゅうまったんだ」って言うんだとさ。それを聞いた家のもんが「晩方遅くまで遊んでいるちゅうと、おっかねえかくなしばばあに連れていかれちゅまうぞ」ってゆったんだとさ。

おしまい

村人をばかしそこねたムジナの話（前橋市総社町）

むかし、野良犬村には、たくさんのムジナ（ササグマ）が住んでいて、よく村人をばかしたんだとさ。

ある日、上青梨子村で酒好きのカクさんという人が、となりの野良犬村の親せきに、お客に行ったと。親せきの人は、久しぶりにお客に来たカクさんに、

「よく来てくれたむし（ね）、今日はゆっくりして、やばつっせえ（ください）」

といったと。

カクさんは、親せきのうちで、たくさんのごちそうになったり、大好きな酒も、うんとごちそうになったと。

夜になって、カクさんは親せきのうちで、みやげにあぶらげずし（いなりずし）を重箱にいっぺえつめてもらって、それを背中にしよって、チョーチンを持って、上青梨子の自分のうちに向かって、帰って来たと。ところが、野良犬村の途中は、深えくぬぎ林で、さびしいところなんだと。そのくぬぎ林を通りすぎて、上青梨子村にさしかかると、カクさんの手前にだれか立っているんだとさ。カクさんは、

「はてな、こんな晩げ（夜）に、道にひとおりでいるなあ、だれだんべえむし」

ってゆって、ちょうちんのあかりで、その立っている人をすかしてみると、その人はきれいな娘なんだとさ。カクさんはおそるおそる近づいて、

「おばんでがんす」

とゆうと、その娘はだまっているんだとさ。カクさんは、気味が悪くなってしまったと。するとそのきれいな娘さんは、カクさんに近づいて来て、

「おじさんどちらへやぶ（いぐ）んです」

ってゆうんだとさ、カクさんはふるえながら、

「わしゃあ、なんだがのう、この下の上青梨子に、わしらがち（私の家）があるもんでのう、そこまでいぐんでがんすよ」

ってゆうと、そのきれいな娘さんは

「わしらが（私も）上青梨子村へ、今いぐところなんで、おじさん一緒に連れてってくれますかい」

ってゆったかと思うと、その娘はカクさんの持っているチョーチンの灯をプイと吹きけしたと、するとカクさんの背中に何か飛び乗ったものがいるんだとさ。カクさんはびっくりして背中に乗っているものの足を両手で持って、す早く自分の手前に投げつけ、両ひざでその者を押えつけ、大声で

「たすけてくれろ、たすけてくれろ、だれかたすけてくれろ」

ってどなったと。あまり大声でどなったもんで、その声が村まで聞えたと、村の人たちはその声を聞いて、チョーチンに灯をつけて、山道を登って来たと。するとカクさんがでっけえムジナを、両足でおさえつけているんだとさ。

村の人たちは、

「カクさん、わしらが来たで、しっかりさっせえ、この古ムジナが今まで村のテエ（衆）を、ばかしてたんだんべえ」

ってゆいながら、その古ムジナを捕り押えたんだとさ。

おしまい

串焼きぃ盗んだオトウカの話（前橋市上青梨子町）

むかし、上青梨子の邦さんのおとっつぁんなあ、あい（あゆ）をとるんがえててむし（上手でね）、川いあいとりぃいぐと、ざまっ籠に半分もあいぃとって入《え》れ、しっちょって（背負って）くるんだとさ。

村のテエ（衆）は、

「邦さんのおとっつぁんなあ、めえんちめえんち（毎日）、どうにして、あんなにあいがとれるんだんべえのお」

っていって、おどろいたと。邦さんのおとっつぁんなあ、あいぃとってくると、竹串ぃ刺してむし、いろりっ端《ぱて》ぇさして、こんがりうんまげに焼いといて、村のテエが邦さんちぃやぶとむし（行くとね）、

「ひとっ串くってていがねえかい」

っていって、串やきのあいに、さとうミソをつけて、くわしてくれるんだと。村のテエが、

「こりゃあ味がいい」

ってほめると、邦さんのおとっつぁんなあ、ちょうしづいて、

「またやばっせえ（来てください）。いつでもあいぃ、ふるまうから」

っていって、うれしがるんだとさ。

あるとき、西風が吹いて、さむくなりはじめのころ、邦さんのおとっつぁんなあ、いつもと同じように、ざまっ籠をしょってあいとりぃ行ったんだと。そうすると、その日ぁ、いつにねえ、でっけえあいが、こだくさん（たくさん）とれてむし、ざまにえれて、やっとしょって来たんだと。いつものように串ぃさして、いろりのまありぃいっぺえさして焼いてたんだとさ。するとおもての方で、ホー

イ、ホーイって、へんななき声で、オトウカ（狐）が呼ぶんだと。邦さんのおとっつぁんな、そんなことにゃあ、しゃらっかまねえで（知らぬふりして）、酒ぇ飲みながら、焼いたあいぃ、ポッツラ、ポッツラ食っていい気分になってたと。すると村のテエが、
「野良犬村の方の山に、だいぶオトウカの火があがるぜ、みんな出てみねえか。今夜ぁどうも、オトウカのよめどりらしい」

ってゆうんだと。邦さんのおとっつぁんも、その声《こい》ぃ聞くと、

「冬がちけえから、またオトウカが、よめどりぃこく（する）か」

っていいながら、外へ出て見たと。すると、野良犬の山に五、六十オトウカの火が、ふわふわあがってるんだと。邦さんのおとっつぁんなあ、

「こんなに、オトウカの火のあがるんなぁめずらしい」

っていいながら、村のテエと、その火ぃみてっから、うちんなけぇへえってみたんだと。

するといろりいぃ刺しておいた、あいの串ざしぃ、オトウカにぜんぶもっていがれちゅまって、一本もなかったんだとさ。

おしまい

大へびに出合った穴掘りの話（前橋市元総社町）

むかし、墓場の穴掘りの人が大へびに出合って、腰を抜かしてしまったんだとさ。

村にオンボ（死人）の出た日は、夏の暑い日だったんだと。村の人たちは、墓場の穴を掘ってもら

う人を頼んできて、穴掘りをしてもらうことにしたんだとさ。村の人たちは穴掘りの人に、
「このへんなあ、山犬が出て来て、墓場の死人のお掘って食っちゅまうから、オンボのを埋める穴ぁ、うんと深く掘ってくれまし（掘ってください）」と頼んだと、穴掘りの人は
「よろしゅうござんすよ、おめえきって（思いきって）深く掘っておくべえ」
っていって、墓穴ぁ「フントコ、フントコ」掘りはじめたと。村の人たちは穴掘りの人にまかせて、ジャンボン（葬式）を出す家に行って手伝っていたと。
　しばらくして、村人は穴掘りの昼めしのむすびを持って、墓場までいったと。墓場の真ん中ごろには、穴掘りの掘り出した黒土が、山のようになっていたと。村人は穴の近くに近づいて
「オーイ。昼めしぃ持って来たでえ、飯い食ってから、はたれえて（働いて）くんな」
っていったと。しかし、何の返事もねえんだとさ。村人は不思議に思って、掘り出した黒土の上にはい上って、穴の中を覗き込んだが、穴掘りはいねえんだとさ。村人はますます不思議になってしまったと。村人は
「オーイ、穴掘りのオッチャン（おじさん）どけえ行ったい」
って大声でどなったとさ。すると掘った穴の近くの草の中で、ウオッ、ウオッという声がするんだと。村人は、おかしいなあと思って、近づいてみると、穴掘りが腰を抜かして、汗びっしょりかいて、深《ふけ》え草のしげみの中を、はいまわっているんだとさ。
　村人はびっくりして、穴掘りに近づき、
「こんなエケザマ（だらしない姿）んなって、どうしたんだいのお」
っていうと、穴掘りは震え声で
「あのお、わしが穴のそとへ（外へ）はい出て、いっぷく吸ってたら、腰ぃ降した後の方の草がゾワゾワ音がするんで、ちっくら（ちょっと）ふりけえって見たら、おれっくれ（私くらい）太え、でっけえへびが出て来て、おれえじいっと見ていてそれから、また山の方へいっちゅうまったんだ」

っていうんだとさ。

村人はすぐ穴掘りを、ジャンボンの家に背負って来てから、村中へフレ（連絡）をして、村中の者で大へびが逃げ込んだ山を山狩りしたが、ついと大へびは見つからなかったんだとさ。

おしまい

かええそうなしんとく丸（前橋市青梨子町）

しんとく丸ちゅう、うんとおやげねえ（かわいそうな）子がいたんだとさ。

しんとく丸は、赤っ子の時にふんとう（本当）のおっかさんは病気で死んじゅまったんだと。それで、またおっかさんをもらったんだとさ、二度目のおっかさんなあ、うんといじのわりいおっかさんで、しんとく丸がじゃまで、じゃまでしょうがなかったと。

しんとく丸が五つの時に、おとっつあんなあひとりで、金ぴらめえりに幾んちもかけて、出かけて行ったと。二度目のおっかさんは、おとっつあんのるすに、しんとく丸をムシ殺すべえと思って、かまどにでっけえ釜ぁつっかけて、その中にしんとく丸う押し込んで、下からドイドイ火いむしたと。ところが、いっくら火いむしても、釜の中の水はちっともお湯にならねえんだとさ。おっかさんは、

「こんなはずあねえ」

ってゆいながら釜のふたああけて見たら、しんとく丸のまありい、金ぴら様のおふだがぐるぐる回ってるんだと。それえ見たおっかさんは、びっくりして振え出したと。

金ぴらめえりに行っているおとっつあんは、金ぴら様でいっくらおふだあ受けても、そのおふだが

どこかえ飛んでいっちゅうまうんだとさ。おとっつあんは
「おれが受けるおふだが、みんなどこかえ飛んでいっちゅうまうなんて、うちに出きごとがしているんにちげえねえ、早くうちいけえってんべえ」
ってゆって、幾日かかってうちいけえってみると、しんとく丸が釜の中にへえったままになっているんだと。おとっつあんはしんとく丸を釜から出し、おっかさんをうんと怒ったと。

それから幾日かたって、夜、しんとく丸とおとっつあんがねていると、おっかさんはやめえ（山へ）のれえくぎ（のろいくぎ）ぃ打ちに行ったんだとさ。

真暗な山の中あ、糸わくに火ぃくっつけてあかし（あかり）にし、口にはカミソリいくええて、手には藁人形とくぎを持って、ソローリ、ソローリと山奥に入り、生っ木の大木に藁人形をくぎでぶっつけたと。そして、藁人形の顔じゅうに、くぎを幾本も幾本もぶっつけたと。それでおっかさんは、そおっとうちいけえって来て、うちのもんに知れねえようにねていたと。

つぐ朝んなって、おとっつあんが起きてみると、しんとく丸の顔が血だらけになってて、そこからウミが流れ出てるんだとさ。それえみたおっかさんなあ、
「こんな、こぎたねえがきと、一緒に暮すなあわしやぁやだ」
っておとっつあんに怒ってゆうんだと、おとつっあんなあ、しんとく丸がおやげなくって（かわいそうで）しょうがねえんだが、しんとく丸う、うちから追い出しちゅうまったんだと。それで近所のテエ（衆）は、しんとく丸ぅうんとおやげながって、それっから、しんとく丸のうたあ歌うようになったんだとさ。

ひとつとや　ひとつの時にかあさんに
　別れてわたしゃ　つらいもの
ふたつとや　ふた親さまがいたならば
　こうゆう思いは　するまいに

みいつとや　三つのときにしんとくは
　まま親さまに　いのられて
よっつとや　よその人でも他人でも
　涙をこぼさぬ　人はない
いっつとや　いつまでこうしていたっても
　こうゆう　病気はなおらない
むっつとや　無理にすすめてひまもらい
　西国　四国へ行きましょか
ななつとや　涙ながらにしんとくは
　ととさん　さいなといいました
やっつとや　山でねようか野にねよか
　おおかみさまに　くわれよか
ここのつとや　ここはどこだと聞いたらば
　いづみの宿　だと人がゆう
とうとや　遠くの方で鐘がなる
　どうやら　わしも死ぬだろう

おしまい

きつねに化かされた味そ屋のおやじの話（前橋市元総社町）

むかし、味そ屋の親じが縁切り薬師のところで、きつねに化かされて、とうとう家に帰れなかったんだとさ。

味そ屋の親じは、夕方となり村へ、おつかいに行くことにしたんだとさ。ところが家の者が、「おとっつあん、縁切り薬師のところを通らなくっちゃあ、となりむれへ（村へ）やべねえんだから（行けないのだから）よさっせえ、あすこのところじゃあ、村のテエ（衆）が、いくったりもきつねに化かされて、うちいけぇれなくなっちゅうまったんだから、あしたにしてくんないのお」っていったんだとさ。ところが味そ屋の親じは、でっけえ歯を出して、エッヘッヘッヘーっと大声で笑いながら、

「あんじゃあ（心配）ねえよ。おらあきつねになんぞ、化かされるもんかい。おれの方できつねの畜生を化かしてくれべえや」

っていいながら、着物のすそをひょっくら持って、尻っぱしょいにして。

「そんじゃあ、となりむらの店までやんで、ちょっくらおつけえ（使い）してくるからな」

っていって、セッセと出かけて行ったたと。

味そ屋の親じは、縁切り薬師の前を通って、山道に入っだと。ところが夕方なもんで山道を通る者はだれもいなかったと。味そ屋の親じは、こわくなってかけるようにして、となり村の店までたどりついたと。味そ屋の親じは、店でいろいろな買い物をして、その荷物を棒の後ろに荒なわでゆわいつけたと。そして、棒の前には、油揚げの包みをゆわいつけて、天びん棒かつぎにして店を出たと。味そ屋の親じは、もと来た道を急いだと。ところが山道にさしかかると、夜道なもんで、道がよくわか

らねえんだとさ。味そ屋の親じは、暗い山道をおそるおそる通り抜け、縁切り薬師のところにさしかかると、かついでいた荷物の棒が少し重くなったと。味そ屋の親じは、

「おかしいなあ、急にかつぎ棒が重たくなったが、どうしたんだんべえ」

ってひとりごとを言いながら、縁切り薬師の前を通りかかると、急に道がなくなってしまったんだとさ。味そ屋の親じは行く先がわからなくなってしまって、

「おおふけえ、おおふけえ」

っていいながら一晩中、山の中をぐるぐると歩き回っていたんだとさ。

味そ屋の親じは、歩きつかれてふと気づいて、かついでいた棒を降ろしてみると、かつぎ棒にいっぺえきつねの毛がついていて、棒の前につるしておいた油揚げの包みを、きつねにとられてしまったんだとさ。味そ屋の親じは、

「油揚げの包みぃ持っていたんで、やっぱりきつねに化かされちゅうまったんだ」

っていって、残念がったんだとさ。

おしまい

小判をとられた女坊主の話（北群馬郡榛東村）

むかし、きれえな女坊主が、晩方ごろこの村にきてむし（ね）、

「だれのうちでもいいから、今夜し（ひ）とばん、泊めてくんな」

って言うんだとさ。しかしだれのうちもとめなかったと。だが村の大尽《でえじん》のうちで泊めることにしたん

だとさ。女坊主あ、うんと喜んだと。夜んなると、女坊主ぁチャランチャラン、て金音をたてるんだとさ。そのうちの主人なあ、おどれえて（おどろいて）、

「坊さん、金音がするが、なんでがんすね」

って聞いたと。するとむし、女坊主ぁ、キンチャクから小判を二、三枚《めえ》出して、主人に見せながら、

「だんなさん、この小判なぁ、わしの命より、でえじな宝なんでごぜえます」

っていいながら、小判の入《へえ》ったキンチャクぅ、しっかりでえじそうに握りしめたと。

　夜中んなって、家中の者がねしずまっだとき、主人なあ、女坊主のねてえる、でえの部屋（とこの間のある部屋）へそうっとへえっていったとさ。すると、女坊主ぁ、小判のへえったキンチャクぅ、まくらもとのふとんの下《して》ぇ、でえじそうに入れて、すやすやねてるんだとさ。主人なあ、小判ほしさに、女坊主に知れねえように、ふとんの下の小判のへえってるキンチャクぅ、そおっと持って逃げべえとしたと。すると女坊主ぁ、キンチャクのひぼ（ひも）を、首にかけて寝てたもんで、飛び起きたと。主人なぁ、無理やり小判のへえったキンチャクぅ、奪いとってしまったと。

　女坊主ぁ、小判を盗られたんで、うんと悲しがり、東がしらむころまで、しくしくねどこで泣いてたと。しかし、朝起きてみると、女坊主ぁ、自分で首ぃくくって死んでたんだとさ。

　主人なぁ、女坊主の死んだのをみて、

「死人に口なしだ。小判なぁ、おれのもんだ」

っていって喜んだと。それで、盗んだ小判で、田んぼを、てえへん買ったと。ところが買い込んだ田んぼが「ビクニ田」（戒を受けた尼僧の田）だったんだとさ。それでその田んぼぉ作るもんなぁ、次々に運が悪くてむし、田あ植えてりゃあ、そけぇ夕立ちがおっこちてむし、植えてた者《もん》がくたばったり、麦いまきゃあ、麦の芽がしとつも出なかったりで、とうとうビクニ田ぁ、作るもんがいなくなっちゅまったんだとさ。それだけならいいがむし、この田んぼのまありの川のどじょうは、みんな目の見えねえどじょうなんだとさ。村のもなぁ（者は）、

「女坊主のたたりで、こうなっちゅまったんだ」
って恐ろしがったんだとさ。

おしまい

干し殺されたうんまの話（北群馬郡榛東村）

むかし、うちのもん（家の者）が、だんだんいなくなっちゅうまったうちが、あったんだとさ。そのうちじゃあ、うんま（馬）ぁ飼っていて、そのうんまぁ、てえへんでえじに（大変大事に）してたんだと。しかし、うちのもんが、少なくなっちゅうまったんで、うんまにあまり餌も水もやらなかったんだとさ。

うんまぁ腹がへって、うちのもんが、うんま屋のめえを通ると、ヒヒーン、ヒヒーンっと鳴いて、餌ぁ食いたがったんだとさ。それでも、うちのもなあ野良っちごとが忙しいんで、たまあに、庭っつぁきにへえてる（生えてる）草ぁとって来て、ちっとんべえ（少しばかり）くれるだけなんだと。

うんまぁ、すっかりやせちゅうまって、ようよう立ってるくれになっちゅうまったんだと。

うんまぁ、でっけえあぐぅ（あご）、まあせん棒（馬小屋の囲いの棒）の上ぇ、えっちけて（上げて、てえぎげに耳ぃ首の方へ引っつけて、フウ、フウつて、でっけええきぃ（息い）、してるようんなっちゅまったと。うんまの踏み肥も取ってやることあ出きねえんで、踏み肥がたまっちゅうまって、でえ所（台所）より高ぇくれになっちゅうまって、うんまぁ、くそだらけんなっちゅうまったと。それっからいくんちかして、うんまぁ、ぐしゃぐしゃの踏み肥の上へぶっ倒れて、とうとう死んじゃうまゃたんだと。

うちのもんも、近所のテエ（衆）も、死んだうんまぁ見て、うんとおやげなかった（かわいそうだった）と。

うんまぁ、ともらってから、幾んちかして、こんだぁ、そこんちのおかみさんが、おもてぇ（重い）やめえにかかっちゅうまったと。近所のテエも、うちのもんもえらく心ぺえ（心配）して、おかみさんのぉ連れて、村の祈とう者に見てもれえに行ったんだと。祈とう者が拝みはじめると、祈とう者の頭んなけぇ死んだうんまが出てきて、

「おれぇ干ぼしにして、ついと殺したな。おらぁ水が飲みたくってしょうがねえ。けえばが食いたくってしょうがねえ。うんめえ草が食いたくってしょうがねえ。おれにゾウズ（米をといだ水）もってきて、たんと飲ましてくれろ」

ってゆうんだと。祈とう者は、拝みが終わった後で、近所のテエに向かって、

「おかみさんの病気ぁ、馬のたたりだ。馬ぁ干し殺しにしたせえだ」

ってゆったんだと。

近所のテエが、ゾウズう（雑水）、バケツにいっぺえ持って来ると、病気のおかみさんなあ、その水ぅぜんぶ飲み干して、ばったり倒れて死んじゅうまったんだとさ。

おしまい

いづ国さんの話（北群馬郡榛東村）

国さんなぁむし、がきのころ、ホウソウをわずらってのぉ、たけえ熱が出て、からだじゅういっぺえデキモン（おでき）だらけんなっちゅまったんだと。それで死にそくなったんだとさ。国さんといっしょのころ、ホウソウになった村のもなぁ、死ぬもんが多かったんだと。それでも国さんなあ運がよくってむし、いのちがつづいてたと。そんで、ホウソウはなおったが、国さんなぁ、かええそうに、ホウソウのできもんの跡で、しやっつらが（顔）、まるで「いず（ゆず）の皮」ぁみてえに、ブツブツだらけなんだとさ。それで村の衆は国さんのことを「いず国」つて呼んでいたんだと。国さんなあ、あかりぃたち（明るい性格）の人でむし、

「いず国」ってあだなぁゆわれても、

「おれになにか用でがんすかね」

っていいいながら、いつもにこにこしてるんだとさ。

あるとき近くに住む、ばくちぶちの「荒れっ虎」さんが、国さんちの前《めえ》を通ったんだと。するとと国さんのおかみさんが、

「荒れ虎さん、おらがちぃ（私の家）寄って、お茶ぁ飲んでってくんな」

ってゆうんだと。虎さんなぁ、

「ありがとうがんす。今日はいず国やんなぁ、うちにいるんでがんすかね」

ってきくと、いず国さんのおかみさんが、

「うちのオトッツァン（主人）のことをいず国とはなんだ」

っていいいながら、てえへん怒ったと。すると荒れ虎さんもまけずに、

「おめえさんがおれのことをしょってに（はじめに）、荒れっ虎ってゆうから、おれもいず国ってゆったんだ」

ってやりかえしたと。するといず国さんのおかみさんもまけずに、

「うちのオトッツァンなあ、しやっつらこそ『シャックリうんま』（でこぼこの坂道をおじぎをするようなかっこうで歩く馬）みてえな顔をしてるが、てっぺんきん（なにより）いい人なんだ。いず国なんてとんでもねえ」

っていってやりけえしたと。そうこうしているうちに、ふたりのけんかぁ、でっかくなっちゅうまってさ、村中の人が、そのけんかぁとめに集まってきたんだと。だが、どうしてもとまらねえんだとさ。するといず国さんが、キセルぅくえ（わ）えて、うちからひょっこり出てきてむし、

「いず国でも、荒れ虎でもいいじゃあねえか。まあお茶でも飲んべえ」

ってゆったんだと。するとけんかぁすぐやんじゅまったんだとさ。

おしまい

鬼と凍り餅の話（北群馬郡吉岡町）

むかし、鬼が出てきて悪いことをして、しょうがなかったんだとさ。

けえこ（蚕）の忙しいじぶんになると、めえ年のように鬼が出て来て、村中を荒し悪いことをしては山へけえっていぐんだと。村の衆は困り果てていたと。その頃けえこが休んだんで、けえこの休み餅いつくり、たけの子を煮しめて、そこんちのもんがうんまげに食っていたと。するとドサドサーっ

て恐しい音がして来たかと思うと、でっけえ鬼が現われたと。そこのうちのもなあびっくりして振えていたが、鬼にけえこの休み餅と、煮しめものの竹の子のごちそうを出すと、鬼は「人間があんなうんまげに食っているんだから、うんめえんにちげえねえ」と思って、餅と竹の子と一緒に口のなけえ押し込んだと、ところがいっくら歯でかんでも、かたくって食うことが出きねえんだと。鬼は不思議に思って、そのうちの人たちを眺めていると、座敷の奥の方にいた赤っ子が、餅と竹の子をうんまげに食っているんだと。鬼はぶったまげて
「わしにかたくって食えねえ餅と竹の子を、あんなちっちええ赤っ子が、平気で食ってるようじゃあ、わしもいつ人間に食われるか知れねえ」
と思って鬼は山ん中けえ逃げて行き、それ以来鬼は悪いことをしに、出て来なくなったんだと。
そこのうちで鬼にくれた餅は四角の石、竹は青竹を切って煮たものを食わせたんだと。それっから、その村じゃあ正月の凍餅を六月一日に食うようになったんだとさ。

おしまい

あみだ様になったたまっ子の話（北群馬郡吉岡町）

むかしむかし、あるところに、二人の娘がいたんだとさ。
妹の方は、おっかさんの連れ子だったたと。おっかさんなあ妹べえかわいがっていたと、ある時おっかさんが焼き餅ぃうんとやいて、戸だなんなけえしまっておいたと。妹はおっかさんのるすに、その焼き餅ぃみんな食っちゅうまったとさ。

おっかさんがけえって来て、焼き餅がねえんで、

「焼き餅ぃだれが食っちゅまったんだ」

っとゆったとさ。ところが妹は
「おらあ知らねえ」

ってゆったと。おっかさんは、姉に向って
「それじゃあ、おめえが食ったんだんべえおめえにちげえねえ」

ってゆって、うんとどうずいた（なぐった）と。姉さんはどんなにどうずかれても、自分が食ったちゅうこたあ、いわなかったんだとさ。おっかさんはなおさら怒って、

「どうしてもゆわねえんなら、こうにしてやるべえ」

ってゆって、二匹の牛を牛小屋から引きでえて来て、姉さんの足を片方ずつ牛にしばりつけ、牛のしっぽに火ぃくっつけたとさ。牛はしっぽに火ぃくっつけられたもんだから、ぶったまげて飛び出したと。するとと姉さんの体ぁ真ぷたつに、ひっ切れてしまったんだとさ。


おっかさんなあ、姉さんの体ぁ庭っ先ぃほうり出して、そのままにしておいたと。それを見た近所のテエ（衆）は、おやげながって（かわいそうがって）、墓場ぁ作ってうめてやったんだと。それっからめえんち、めえんち近所のテエは焼き餅ぃしんぜてやったんだとさ、そうしたら、いつのかまにその墓場ぁあみだ様になってしまい。近所のもんが焼き餅ぃしんぜると、できもん（おでき）を治してくれるようになったんだとさ。

いちが酒買い申した

ほととぎすになった子供の話（北群馬郡吉岡町）

むかしむかし、山の中に男の子二人と、母親の三人暮しのうちがあったんだとさ。

母親は嫁に来るとき下の男の子を連れて、嫁に来たんだと。ところが母親は上の男の子を、うんとかわいがり、連れて来た子供にはくれなくても、上の男の子には、うんめえものを食わせていたと。

ところがある日、母親がうちぃ留守にしたんだと。すると上の子供がおれに、めえんち（毎日）うんめえものを食わせるんだから、弟にゃあもっとうんめえものを食わせているんにちげえねえと思って、弟に
「おめえは、おっかさんにうんめえものを、めえんち、うんともらって食ってるんだんべえ」

ってゆうと、弟は
「おっかさんなあ、あんちゃんにゃあうんめえ物を食わせても、俺にゃあくれてくれねえんだ」

ってゆうと、上の男の子は怒って、

「おおくうそを言うない、そうだらおめえののどをぶっ切って、中あみていいか」

ってゆって、上の子供は草刈り鎌ぁ持って来て、弟ののどをかっ切ったと。そうしたら中から、ひきわり飯がポロポロと出て来たんだとさ。

上の男の子はぶったまげて、

「おらあ、とんでもねえことをしちゅまった」

っといって、それからめえ晩めえ晩ののどから血をはきながら泣いていたと。いく日かして、上の男の子に羽根が生えてきて鳥になり、

「おっと、ぼっと突っ切ったー　おっと、ぼっと突っ切ったー」

と啼きながら、ほととぎすになり山奥へ飛んで行き、一日に
「千、八声」
血をはきながら啼くようになったんだとさ。

おしまい

食べ物を食わねえ嫁ごの話（北群馬郡吉岡町）

むかし、あるところにとってもけちな男がいたんだとさ。

その男に近所のもん（者）が、

「おめえも、そろそろ嫁ごをもらったらどうだ」

ってゆったと、そうしたらその男は、

「おらあ、おまんまぁ食わねえ嫁ごだらもらってもいい」

ってゆったと、それを聞いた近所のもんは、びっくりしてしまったと、それから幾日かたったある日、その男のうちのとぶくち（玄関）に、立っている女がいるんだとさ。男はびっくりして、その女の人に、

「おめえはだれだ」

ってゆうと、女は、

「あんたあ、飯を食わねえ嫁ごを欲しがっているって聞いたもんで、わしゃぁ何にも食わねえでがまんするから、わしい嫁にもらってくれろ」

ってゆうんだとさ。その男はその話を聞いてその女の人を嫁ごにしたと。

幾んちたっても、約束のとおり嫁ごは一ぺえの飯も食わねえんだと。男は不思議に思って、ある日、野良仕事に行くふりをして、かべの穴から嫁のようすをみていたと、すると嫁ごは、餅米ぇ一俵もたいてぼた餅を作り、頭をおかんぼろ（頭の毛をばらばらに）して、その中にぼたもちい押し込んでいるんだと。それを見た男は、すっかりおっかなくなってしまったが、恐る恐るうちのなけえへえってみると、嫁ごは男に、

「風呂をわかしておいたで、へえってくんなんし」

ってゆうんだとさ。不思議に思ったが男が風呂にへえると、嫁ごは、

「わしゃあ、風呂んなけえ櫛ぃ落しちゅうまったで、ひろってくんねえかい」

ってゆうんだと、男が風呂釜の中にしゃがんで櫛ぃみっけはじめると、嫁ごは男のへえっている風呂釜ぁかついで、山のなけえどんどんへえっていぐんだと、男はたまげて、早く逃げなけりゃあ、てえへんなことになると思っていたが、どうしょうもねえんだとさ。するとその時、太い木の枝が一本出ているんだと、男はその木の枝につかまって、嫁ごに知れねえようにす早く逃げ出したと。嫁ごは男が逃げたとは知らねえで、風呂をかついでどんどん山に登って行ったと。しばらくすると山の中に鬼の子供が

「おっかちゃん、なにい捕って来たんだ」って、でっけえ声でゆうんだと。

するとその嫁ごはすっかり鬼になっていて、

「でっけえ魚ぁ捕ってきた」

ってゆって、風呂釜ぁどしっとぶち降して中ぁみると、男がへえっていねえんだとさ。鬼の母親はおどろいて、

「まだ、あんまり遠くへ逃げやあすめえ」

っていいながら男を追いかけたと。男は鬼が近づいて来るのを知って、よもぎとしょうぶがいっぺえ生えている所にかくれたと。すると鬼の母親は、よもぎとしょうぶの生えている所まで来たが、よも

ぎとしょうぶの匂いが強くて、人間の匂いがわからなくなってしまったんだと。鬼はあきらめて山にけえって行ってしまったと。男はそおっとよもぎとしょうぶの中から出てうちに逃げ帰り、それから「ごんちの節供」（五月五日）には、屋根によもぎとしょうぶをつけるようにしたんだとさ。

おしまい

かもに連れ去られたかもとりの話（高崎市群馬町）

むかし、かもとりの名人がかもに連れ去られたんだとさ。

そのかもとりの名人は、近くの大堤の水の中に立って、頭にはふくべ（夕顔の実で作った入れ物）をかぶっていたと。かもは水の中に、いい止まる所が出きたと思い、そのかもとり名人の頭のふくべに止まるんだとさ。すると、かもとりの名人は、頭に止ったかもの足を手でつかんでは、かもとりをするんだと。

あるとき、かもとりの名人は、いつものように、頭にふくべをかぶり、堤の水の中に立っていると、かもの大群が堤にゲエゲエ鳴きながらやって来たと。かもとりの名人は、すっかり気を良くしてしまって

「こりゃあ、今日はいいあんべえだ、かもの畜生だいぶやってきたげだ」

ってゆって喜んでいたと。そのうちかもの大群は、かもとりの名人の頭に次々に止まるんだとさ、かもとりの名人は、頭に止まるかもをつかまえては、かもの首をふんどしのひもにはさんでおいたと。するとそのうちにふんどしにはさんでおいたかもが堤の水を飲んでは生きかえり、一斉にばたばた

ばたあって、はばたきをして飛び立ったかと思うと、かもとりの名人は空高くかもに引き上げられたと。かもとりの名人は、天井まで上ったこたあねえもんで、恐ろしくって
「遠くの桑原、遠くの桑原」
っていいながら震えていたと、そのうちにかもは、ふんどしのひもからみんな離れたと。
すると、かもとりの名人は、天井から真さかさまに地上へおっこちたと。落ちた所が、引間の妙見さまだったんだとさ。

おしまい

夕立にさらわれた鼻高男の話（高崎市群馬町）

むかし、鼻が高くなって雷さまに連れて行かれた人がいたんだとさ。
その人は、鼻がひくくって困っていたと。あるとき、行者さまに
「わしやあ、鼻がひくくって困っているが、どうにか鼻が高くなる方法はなかんべかむし」
って聞いたと、行者さまは
「なる程、おめえの鼻あたしかにひきい。鼻を高くする方法をおせえてやる。庭にむしろを敷《し》きその上にふとんを敷いて、その上にねる。それでおれの鼻あ高くなれ、チリカラスッチャーポンというと、鼻あ空に向ってどんどん高くなる。だが、自分の欲しいだけ高くしたら、あんまり欲ばって高くするな」
って教えてくれたと。その男は喜んで家に帰り、行者のいったように庭にむしろと、ふとんを敷いて上を向いてねころび
「おれの鼻あ高くなれ、チリカラスッチャーポン」

というと、ひくかった鼻がどんどん高くなったと、その男はおもしろくなって
「おれの鼻あ高くなれチリカラスッチャーポン」

と続けざまにどんどんとなえたと、鼻はますます高くなって雲の上まで高く伸びて行ってしまったと。

すると雷さまがゴロゴロと鳴りだしたと。雷さまはその男の鼻の先を両手でつかんだかと思うと、その男を空に引きあげ連れて行ってしまったと。男はびっくりして「雷さま、ゆるしてくれろ、ゆるしてくれろ」

って叫んだが雷さまは、どんどん天高く連れて行くんだと。そのうち雷さまは、鼻を持っていた手を、ポイと放したと。すると、その男は、もんどりうって、地上へぶち落ちたと。鼻高男の落ちた村の人は、あまり鼻の高え人が落ちて来たもんでびっくりしたと。その村では、高い鼻の男が落ちてきたもんで、その後、その村を高鼻村と名付けたんだとさ。

おしまい

カッパに負けた子供の話（高崎市群馬町）

むかし、子供が、自分のうちの近くの川に、遊びにやぶ（行く）と、川っぷちの草ん中から、カッパの子供が出だしてきて、村の子供に、

「おめえは、おらが住んでる川ぃ、なんで遊びに来るんだ。来ちゃあなんねえ」

ってゆって、めえんち（毎日）とっくみあいのケンカになるんだとさ。

ところが、いつもカッパの子供が負けたんだと。カッパの子供は、負けると大声で泣きながら、川

んなけへ（中へ）へえってちゅまうんだと。カッパの子供は川にけえってから、

「人間の子供があんなにつええなあ、食ってるもんがちがうんだんべ。こんだあ聞いてんべえ」

ってゆったんだと。

つぐの日んなって、またカッパぁ、川っぷちで子供に出会ったんだと。ところがその日も、でっけえケンカになったと。その日はいつになく、人間の子供にひどくやられちゅまったと。カッパぁ、ケンカが終わった後、泣きながら人間の子供に、

「あんたあ、えらくケンカがつええが、なにい食ってるんだいのお」

って聞いたんだと。すると人間の子供は、

「おらあ、仏さめ（仏さま）へ進ぜた飯ぃ、うちのもんが、めえんち（毎日）少しずつでいいから食え、ってゆうから、その飯ぃ食って来るんだ」

ってゆったんだと。そうしたら、カッパの子はしんぺえ（心配）げな顔つきで、しばらくかんげえてたが、

「おめえは、あした、どうせ、おれとここで会うんだんべが、その仏さめへ進ぜた飯ちゅうもんのお、食わずに来てみろやあ」

ってゆったんだと。そうすると人間の子供は、

「いいともな。おめえが、そうにゆうんなら、仏さめへなんざあ進ぜた飯なんか、ろくに（たいして）うんまくもねえ飯なんだ。うちのもん（家の者）にわかんねえように食わねえで来る」

ってゆって、カッパの子と別れたと。

次の日、人間の子はカッパの子と約束したように、仏さめへ進ぜた残り飯ぃ食わねえで、かあら（川原）へやんだとさ。それでいつものように、ケンカんなったんだと。ところが、人間の子はちっとも（少しも）力が出なくって、カッパにえらく負けちゅまったんだと。人間の子はケンカに負けてオイオイ泣きながら、うちいけえって来たと。

そうしたら、うちのもんが、

「仏さめへ進ぜた飯ぃ、食わねえでやんだな。そうだからカッパになんざあ、ケンカに負けるんだ」

ってゆったんだとさ。

おしまい

信仰・民間信仰編・他

社寺編

前橋市清里の祖先の心を訪ねて

(1) 地名から見た清里

① 野良犬村（現・前橋市清野町）

古い歴史と民俗を持つ村。古代円墳が二基あった。（昭和十年調べ）。野良犬の元村は現在地の東四百メートル（八幡川東）。三国街道の宿制が慶長十四年に実施→現在地。

古くから渋川宿の助郷（すけごう）であったが、天明年間、貧困理由に人馬差出中止をする。文化年間上青梨子村の医者笠井玄沖（げんちゅう）は村内に私学耕楽舎（こうらくしゃ）を設立→水戸の儒学者朝日集義を招き地域に教育をほどこす。

野良犬村の鎮守八幡宮は永禄六年箕輪城で武田方に敗れた上杉方の武士が土着し建立したものとされるなど数々の歴史を持つ村である。

明治十一年野良犬、池端、上青梨子、青梨子の四ヶ村連合の戸長役場を神宮寺に開設した。

野良犬村は江戸期から明治二十二年までの村名で、明治二十二年から昭和三十年前橋市に合併までは清里村の大字名であった。

元村の呼び名は如来堂があった所で如来野村（にょらいのむら）と称した。古くこの地域は狼が多く野良犬と称し野良犬村とはここから来たものという。

②清里村

清里村を正しく規定するには池端村、上青梨子村、青梨子村、（野良犬村）の地名を細かく話さねばならない。古代は弥生時代を中心にして縄文から平安期の各遺構と遺物が昭和五十四年、土地改良時発掘調査で発見された。清里の有史はここからとされよう。榛名山麓における弥生中期後の集落形態と地域性を見ていくうえに貴重なことである。

本地域がいかに古い歴史の中にあるかがうかがえる。清里村は明治二十二年から昭和三十年の自治体名である。明治二十九年から群馬郡に属し榛名山南東の村の合併で、池端村、野良犬村、上青梨子村、青梨子村の四村が合併する。

旧村名を継承した

- いけばたの池の字のサンズイと…氵
- 上青梨子と青梨子の青…………青
- 野良犬の野の里偏をとり………里（さと）

―清里と命名した。

(2) 祖先が心を寄せてきた社寺への信仰

① 熊野神社（前橋市青梨子町前原）

熊野信仰について

熊野から浄土へ旅立つ所とされていた。邪鬼や魔除けにご利益がある。

平安時代に和歌山県の熊野三山（本宮、新宮、那智）の構成が出来上がり熊野信仰が始まる。山岳宗教が起こり、山伏修験道が活躍。中世に全国から熊野参詣が盛んとなる。

前原の熊野神社は祭神は速玉男命（はやたまおのみこと）他二柱。三月と十月が祭月。霊験あらたかなる神社である。

享保二年（二九八年前）に前原出身の松島三郎兵衛が京都の公家様で富小路（とみのこうじ）家に仕えていた。富小路家の主人が病で倒れるとそれを哀れに思い前原に帰郷、熱心に熊野神社に全快を祈った。すると病は全快、以来前原の熊野神社に毎年、富小路家より白銀三枚を賜ったとされている。

熊野神社（青梨子町前原）

②若宮八幡宮（前橋市青梨子町前原）

若宮八幡宮の祭神に品陀和気九命《ほんだわけのみこと》といわれている。例祭の春祭りは三月十九日、秋祭りは十月九日とされている。氏子はこの集落の方々によって行われている。境内には田畑守護の堅牢地神が建立されている。この地域の人々が作物の豊穣《じょう》を願ってのものである。

八幡宮は総社神社と関係があり、総社神社は東国を治める為め国は国司を派遣した。しかし、上野国には豪族の勢力が強く、国司が自由に政治を司どる事が出来ない。そこで豪族に歩み寄り地方政治を行う一つに信仰がある。国司は上野国の神社を参拝して回り続けていると、それでは政治を司どる事に欠けてしまう。そこで上野国の主だった神社五四十九柱を一つの神社に祀った。これが総社神社である。上野国の神社を国司が毎日参拝に回らなくても一度で済むのである。

上野国府は前橋市元総町に置かれていたといわれるが確かな位置は現在不明。総社神社の祀られている所には八幡神社が祀られているのが多いといわれている。前橋市の総社神社と関係の八幡様は前橋市本町にある八幡宮と言われている。

若宮八幡宮（青梨子町前原）

青梨子町の若宮八幡宮は若宮とあるのは、応神天皇の若い頃を祀ったのではないかと言われている。なおこの若宮八幡宮も国府政治と関係ある八幡宮ではないかともいわれる。

③淡島神社（前橋市上青梨子町）

淡島信仰→婦人の下の病にご利益がある。

和歌山県海草郡の淡島神社を勧請して祀ったものである。三月三日、女の節句に女子がひな人形を流す風習があった。三月三日、地域の女性が淡島講（三ヶ月講）に淡島和讃を唱えて講を行った。

元禄の頃（三二七年前）には信者が全国的に淡路島様を安置したオズシを背負い色とりどりの布きれをオズシに提げ、声高らかに「女子の下の病にご利益あり」と唱えながら巡回して淡島信仰を勧め歩いた。

上青梨子町の淡島様は古く神明宮とか大木神社といわれた。祭神は天照大神の他。創建は古く天長年間（一一九〇年前）といわれ、社殿の創建は安永五年（二三九年前）九月。明治五年九月に改築。明治四十五年神社の資産を増やして村社の社格をもらうために村内にあった淡島様や琴平様をここに合祀して大木神社と改め、昭和三十五年に氏子の総意で淡島神社と改めた。この上青梨子町の淡島様は昔から女性の下の病と縁結び、子育てに特別ご利益があるといわれ現在も男女の参詣者が多い。

淡島神社（上青梨子町）

④正法寺（前橋市青梨子町）

天台宗神明寺宝蔵院正法寺という。

古くは青梨子町の井戸八幡宮の西「オハン」という所に青梨子山正法寺という寺と宝蔵院という二つの寺があった。

慶長五年（四一五年前）に伝永法印によって両寺を合併し字中島に移し現在の寺名（正法寺）となった。

その後、大火に合い全焼したため現在地に移した。

明治六年（一四二年前）に清里小学校の前身が開校されていたが、明治十四年十二月大火に合い焼失。廃校となる。

焼失後、吉岡村上野田の東福寺から庫裏を譲り受け之が現在の庫裏だといわれる。終戦後本堂の脇に庫裏を新築した。昭和二十九年にはワラ屋根であった本堂の屋根を瓦葺きに変える。歴史のある古寺である。

正法寺（青梨子町）

⑤八幡宮（前橋市清野町）

八幡宮の俚伝

寛永二年（三九〇年前）に建てられた。しかし、箕輪城落城のおり残党の数人が逃れて住みこの神社を祀り始めたとされる。

当時この地は狼の出没する恐ろしい原野であったとされる。この地に逃れて来た残党の者たちが社を建てるとき、自分たちで持ってきた弓矢を埋め、そこに京都男山八幡を勧請したとされる。

八幡宮の起こり

日本の神社で八幡宮の数が最上位。信仰の本源は九州の宇佐八幡である。天平年間（一二八五年）に八幡大神が現われ奈良の大仏を鋳造するのに関係する。

九州の銅の生産にからんで、奈良の大仏建立となりその後、八幡神社は国家的大事業に関与するようになるのである。そして皇族との深い関わりとなり源氏の氏神となり（戦勝にご利益があるとされ）、その後、武士政権の成立と共に武神の最大の神となる。そして全国的に広まり八幡様は武神であり戦勝の神であるとされる。

戦時中（第二次世界大戦）の八幡八社めぐりなど「戦に勝つ」ことを踏襲して行われたのである。

八幡宮（清野町）

⑥菅原神社（天満宮）（前橋市青梨子町）

三つの信仰形態を持つ天満宮で祭神は菅原道真公である。右大臣右大将の地位から太宰権師《だざいごんのそう》に左遷され、二年後に当地で死去。その後、道真公の左遷に関った人物が次々と落雷で死亡。これは道真公の祟《たた》りによるものとされ　㈠ここに天神信仰が生れる。また道真公は秀れた学者であったため、平安中期に入ると　㈡学問守護の神として、信仰対象となる。更に　㈢国家鎮護の神として信仰されるようになった。

地元青梨子町の古老の言によると、この神社がいつ頃創建されたかは判らないが、江戸中期頃には相当栄えたと伝えられている。祭日は毎月二十五日で例祭日の三月と九月二十五日には神社の境内が狭いほど出店が並び盛況であったと。また書道の上達を願って、正月の書初めを一月二十四日に納める風習があり書道が上達するとされる。現在は進学合格祈願等で非常ににぎわっている。

菅原神社（青梨子町）

⑦神明宮（前橋市池端町）

上野国神明帳に従五位池端明神宮とある。

池端の地名も「池岸」にちなんでいる。古く池端村の西部に大池があった。西南北の三カ所が高く中央がくぼ地で東の方が低くこの地形は古くを思わせる地形。東南の耕地一帯を今でも「池尻」と呼んでいる。

池端、池のはたの村名はここから来ているのである。池端の神明宮は古墳上に建立されている。

神明信仰の起こり

古く王朝末期から神明とは伊勢神宮を指す。伊勢神宮は古く皇室の氏神で皇室だけの参拝で一般庶民は許されなかった。しかし、貴族は皇室に接近し参拝を許され、次に庶民が参拝を許された。一生に一度は必ず参拝すべきで、特に成人を迎える者は参拝すべきとされていた。さらに抜けまいり、おかげどうという村人にわからぬようにこっそり参拝に行く者もいた。いずれも幸せになれるといういわれからなのであった。

とび明神（伊勢神宮）の守り札が村の木にかかっているのを見つけると幸せになるとされ全国的に大流となった。一般的にお伊勢参りは村では伊勢講の講を構成して代参の者が参拝に出る。路金を積み立てて行った。

池端町の神明宮は古墳上の宮である。県内の神社で古墳の上に宮を建立しそこに神を祀り奉信している所も多い。

⑧天明寺《てんめいじ》と文殊堂《もんじゅどう》（前橋市池端町）

天明寺は天明年間（一七八一―一七八九年）、今から二百三十四年ほど前に、建立されたので天明寺と名づけたといわれている。

神明宮（池端町）

碓氷郡八幡村（現高崎市八幡町）の大聖寺の末寺だったといわれている。この寺は太平洋戦争中、本堂や庫裡《くり》に五世帯の疎開者《そかいしゃ》がおり、昭和二十七年十一月十五日に失火、本堂や庫裡、さらに寺の過去帳などすべて消失してしまった。

しかし、この大火を免れた文殊堂がある。お堂の中には文殊菩薩さまが安置されている。この文殊さまは鎌倉時代、今から八百年以前、榛名山の「上の平」という所に建立されていた寺の十三仏を付近の村々で一躰ずつ分け合って祀ることになり、池端村でこの文殊さまを譲り受けて来たものといわれている。

文殊さまは知恵の深い仏で、信仰すると知恵を授かることが出来るとされている。

消失前の天明寺

石造物編

衣笠大神《きぬがさ》（前橋市池端町神明宮境内）

古くから養蚕の盛んであった群馬県には、天下に名をなす蚕神を祀る神社が意外に少ない。しかし、近接の茨城県には、蚕影山（神社）が筑波郡筑波町に。そして日立市川尻町に蚕養（こかい）神社が、さらに鹿島郡神栖町に蚕霊（さんれい）神社などがある。

これら神社には、関東各地の養蚕農家の代参の者が参詣して帰り、供養に建てた「蚕影山塔」「蚕養神」「蚕霊塔」などが各地にみられる。前橋市市内にも住吉町一丁目の橋林寺をはじめ、各所にこれらの供養塔が建立されている。

しかし、これらの蚕神塔のほかに、池端町絹笠大神と刻まれた自然石で、高さ一メートル六十三センチの蚕神塔が建立されている。裏面に明治三十一季五月と見える。明治三十一季の「季」は年の代りに用いられる文字なのだ。石造物では年という字の代わりに「天」「歳」「大才」「稔」「暦」「星」などと彫られているので、注意してご覧になってほしい。すべて「年」の意味なのである。

さて蚕神のことを県内では主にオシラ様と呼んでいる。このオシラ様は女神であるといわれていたり、さらに馬鳴（めみょう）菩薩であるといわれたりしているが、馬と娘の婚姻伝承が「蚕神」の成立だとされている。その昔話を次にあげてみる。

『むかし、名主の家に一匹の白馬が飼われていたんだとさ。ところがその白馬は、いつの間にか名主の娘と恋仲になってしまって、娘が与えるえさ以外は食べなくなっちゅうまったんだと。

名主の家で働いている番頭がそのことを名主様に話すと、名主は、

「その白馬ぁ殺してしまえ」

と番頭にいいつけたと。番頭は娘に知れねえように、白馬を殺してしまったんだと。

神明宮境内にある衣笠大神

　白馬がいなくなったことに気付いた娘は、白馬を夢中でさがしたが、とうとう見つからねえんだと。ところが白馬は殺され、白馬の皮は剥がされて、河原に干してあるんだとさ。娘は大声で泣きながら、白馬の近くにかけ寄ると、白馬の皮は娘の体をクルクルと巻き込んで、あれよあれよという間に、空高く舞い上がってしまったんだとさ。それから一年目、空から白い虫と黒い虫が降ってきたんだとさ。その虫は桑の葉を食べ糸をうんとはき出したと。その虫の白い方が娘で、黒い方が馬だったんだと。その白い虫と黒い虫が「蚕」になり、あとで蚕の守護神になったんだとさ。』

　このように蚕神成立の貴重な物語りが残されている。

　養蚕という貴重な生業は、人の生活と切り離して考えられなかったものなので、その生業が貴重であればあるほど、その生業に対する信仰が発生し、それと共に「昔話」も生まれてきたのである。衣笠大神の供養碑は総高一メートル八十三センチ。

田畑守護の堅牢《ろう》地神塔（前橋市青梨子町前原若宮八幡宮境内）

青梨子町前原の若宮八幡宮近くの畑土手の枯草の陰に、色鮮かな黄色のタンポポの花が春風に花びらがゆられながら咲いていた。（昭和三十五年三月一日調査の折り）

この若宮八幡神社境内に、市内では珍しい堅牢地神塔があり、これは「地神」の礼拝本尊で、田畑を守護してくれる神なのである。仏教の影響を受け堅牢地神と呼ばれるようになったといわれるが、堅牢地神の祀日は春秋の彼岸の「社日」なのだ。社日は彼岸の中日（春分や秋分）に最も近い戊（つちのえ）の日を「社日」といい、この社日に祀日を持つ堅牢地神は百姓の神とも呼ばれている。そしてこの堅牢地神は春彼岸の社日に来訪し田畑に出て作物を作り、秋彼岸まで田畑を守り続け、その後帰るとされている。

群馬には春秋の彼岸の社日に、土を動かしてはいけないという禁忌があり、一日中野良に出ることをつつしんだ。なお県内各地の社日行事をみてみると、社日には野良仕事を休み、夜は組の当番の家に集まり、アンコロ餅をつくって食べ社日様を祝ったり、さらに「社日祭り」といい、社日の日に石の鳥居を七つくぐると「中風」にかからないという俗信もあり、隣村の神社の福鳥居くぐりまでした俚伝が残されている。

地神という一つの信仰の形態も時代が降るとさまざまな俗信へと変わり、果てはその俗信も消滅して今に至っている。

写真の若宮八幡神宮の堅牢地神塔は自然石で、高さ九十センチ、幅六十七センチ、厚さ十六・五センチ、正面に堅牢地神とあり、さらに裏面右側に嘉水七甲寅年霜月吉日と見えるので、今から百六十三年程前に建立されたものである。

若宮八幡宮にある堅牢地神塔（青梨子町前原）

前原の古老にこの堅牢地神塔についておたずねしましたが、信仰形態等について存じているかたはおりませんでした。

おそらくひと昔前、前原の人々は彼岸の社日に、この堅牢地神塔の前にひざまずき、ひたすら田畑守護の祈願を続けたことにちがいない。

古人が路傍や大地を神聖な場と考えてきた偉大な心を、これら信仰遺物の中からうかがうことができる。この八幡宮は松下家でお守りしている。

養蚕の改良に尽くした松下政右衛門の墓（前橋市青梨子町前原）

政右衛門は前原に住んでいたといわれるが、子孫は絶えてしまっていない。養蚕業の改良と特に桑園の拡大に一生を捧げ、県下各地でこまかく指導しその発展に尽くしたといわれている。その一例だが明治二十一年には県内各地に養蚕組合を設立し、群馬の養蚕業に一大発展を行い、明治二十年十月には国から緑綬褒章を受章している。彼は俳句にもすぐれ、この墓石に「霜除けとなるや芽桑に月の暈《かさ》」「耕やご畝には足らぬ桑ながら」の二句が刻まれている。

松下政右衛門の墓（青梨子町前原）

道保神（前橋市青梨子町前原）

県内外にも例を見ない道祖神塔が前橋市青梨子町前原の熊野神社境内に建立されている。総高一二七センチ、年号無し、道祖神信仰は昔から日本に存在していた、邪鬼、悪霊を退散させる神と、お隣りの中国の道の神信仰が習合して、道祖神信仰となったとされている。道祖神の道祖の意味は旅人の安全を守り導く神とされている。時代が降ると庚申信仰と習合して、男と女の像の道祖神が出現し、縁結びの神ともされるようになった。前橋清里の地域をはじめ、県内にも男女二像の道祖神の石造は実に多い。

道保神（青梨子町前原）

前橋市青梨子町前原「熊野神社境内」の道祖神の石造（道保神）は、道行く人の安全を願い建立されたものと思われたが、こうした名称の道祖神は日本的にも貴重な文化財と考えられよう。総高一二七センチ。

梵《ぼん》字つき二十一夜供養塔（前橋市青梨子町前原廃寺跡）

青梨子町前原の廃寺跡に残されている石仏群に、晩秋の冷たい西風が吹き寄せていた。前橋の西の端、清里地区には天明寺や瑞雲寺など多くの廃寺跡があるのに驚かされる。また、青梨子町前原の阿弥陀寺もそのひとつ。この阿弥陀寺跡に残る貴重な石仏群の中に、市内にはめずらしい二十一夜供養塔がある。市内には二十二夜塔の数は多くあるが、二十一夜塔は少ないのである。ともかく二十一夜塔も二十二夜塔もすべて、月待信仰に変わりはない。

県内の月待塔には十六夜塔から二十三夜塔などまであるが、不思議なことに、十六夜塔や二十一夜塔などの位置する地域が限定されているのに気づく。例えば二十一夜塔は前橋の北西部から利根郡にかけて散在しているのが特長で、このように限られた地域にあるのは仏家の指導によるものだといわれている。こうして月待信仰は県内各地でさかんに行われてきた。特に陰暦正月と七月の月待は盛んなもので、この季節には女衆がそろって、小高い丘や塚の上にのぼって月の出を拝んだ。なかでも二十六夜の時は月の出を拝んだ後、その夜結婚前の女性が人知れず鏡をのぞくと将来、自分の夫になる人の姿が鏡にうつるのだといういわれがあったのである。

月の夜、ひそかに、やがて夫となる人の姿を鏡の中に見ることができるなんて、何とロマンチックなことなのだろう。女性らしい、いかにも夢多き乙女の発想といえよう。

青梨子町前原の二十一夜供養塔は明和八年十月とあるので、今から二百四十四年前のものである。高さ一メートル十八センチの自然石で、中央部に深彫りで二十一夜供養塔とあり、その上部に梵字が刻まれている。この梵字を「サク」と読むが、これは勢至菩薩の種字で、勢至菩薩は二十三夜様の本尊といわれているから、古く青梨子町前原の女性のかたは二十一夜の本尊に勢至菩薩をしていたこと

青梨子町の二十一夜供養塔

がうかがえる。二十一夜様を信仰すると財宝にあやかれるとか、子宝、安産にご利益があるといわれている。

天満宮の牛（前橋市青梨子町天満宮境内）

長かった入梅も明けて、榛名の緑濃い山なみが七月の空に鮮かに浮き立ち、その裾野は青梨子町付近にまで及んでいる。

この青梨子町の近くには、野良犬（清野町）とか笹熊（榛東村）とか、不思議な地名があり、昔はとっても草深い土地だったことをしのばせる。

しかし、この地にも榛名東面のたくさんの文化遺産が残さている。

例えば青梨子町正法寺にある輪廻塔（文明十八年）は、五百二十九年もの歴史を持ち貴重なものといわれる。また清野町に残る野良犬獅子舞（市指定無形文化財）も古く山伏修験者の伝承によるという俚伝もあり、現在も土地の人たちに言い継がれている。

ところで、青梨子町にはもう一つ珍しい牛の石造物が残されている。青梨子町天満宮（土地の人たちは〝天神さま〟と呼んでいる）の境内にある全長一メートル四二センチ、高さ四六センチもある石で刻んだ寝牛である。

基台の後側に「山子田村、彫刻師高橋善住」と石工の名が見える。明治四十四年九月。

この牛は神使（しんし）と呼ばれるもので、昔はその神社に関係ある鳥獣類を神社前に安置するならわしがあった。

例えば春日神社には鹿、稲荷神社には狐、日技神社には猿、御嶽神社には狼、天満宮には牛というように、その神社に縁故のある動物が建立された。動物たちは神の使い、あるいは使者（つかわしもの）として、あがめられてきたのである。

時代が降ると神社前には一対の唐獅子を置くことが多くなり、その一頭は口を大きく開いていて、

天満宮の石造の寝牛

これを阿（あ）形といい、あと一頭は口をむすび、これを吽（うん）形と言われる。いずれも恐ろしく鋭い目でにらみ、悪魔や邪鬼に威圧を与え、神を守護する役目をしているのである。

天満宮の牛は、大神様（菅原道真）の柩を牛にひかせたことから、牛が〝神使い〟とされている。天満宮にお参りし、この石の牛を手でなでてお祈りをすると、願いごとがかなうといわれてきた。地区の人たちは昔からこの牛とスキンシップをして、いろいろと〝願かけ〟をしてきたのである。

子供たちはこの境内で石けりやかくれんぼをし、ときにはこの牛の背に乗って遊んだのである。願かけの人たちや、遊びの子供たちのかず知れない手でなでられ続けてきたこの牛は、今でも光沢を放っている。ただ残念なことに、両方の角と耳が欠かれている。誰かの心ないいたずらとしたら、惜しみてもあまりあることである。この牛は地元の桜井嘉藤治という方が個人で奉納しようとしてたのを氏子が知り、協力して建立したといわれている。

幸神（前橋市池端町神明宮境内）

神明宮の境内には、多くの石造物が建立されている。なかでも私どもの目を引くのは幸神の石造物である。これは庚申の石造物であったものが、神仏分離令によって庚申を改めたもので、この石造物の上部にある凡字が削り取られている。これは庚申の凡字であったためと考えられる。

このような歴史を生きてきた貴重な石造物なのである。総高一メートル十一センチ、年号なし。

神明宮境内にある幸神

獅子観音（前橋市上青梨子町端雲寺跡）

この石殿は上青梨子町端雲寺跡の墓地にある。相当傷《いた》んでいる。総高九十センチ。江戸時代より前に造られたものだという。しかし、屋根や台座には、直径十センチ内外の人為的な穴が幾つもあけられている。

この穴はかつて、子供たちがそこに蓬《よもぎ》（餅草）の葉などを乗せて、小石で叩いて汁を作って遊んだり、小石で穴あけの競走などの遊びをしてできたものだといわれる。

獅子観音（上青梨子町）

この観音様には次のような俚伝がある。「いつの頃にか今の淡島神社の所（その頃は神明宮といっていたと思われます）に地元の獅子舞があり、年一回奉納されていたといわれる。ところが、やるたびに村中に疫病が流行《はや》ったので、困りはてた村ではその獅子舞の道具の一切を焼却して、その灰を端雲寺の一角に埋め、そこに石殿を造って観音を祀ったので獅子観音という」のだといわれる。

輪廻塔（前橋市青梨子町正法寺境内）

輪廻塔は文明十八年（五二九年前）建立。

この輪廻塔は清里と総社の境にあった東覚寺（戦国時代栄えた寺）からここに移したとされる。輪廻塔は下克上といわれた戦国時代、親が子を殺し、子が親を殺すという世の中で、仏にすがって生きようとした当時の人々がこの輪廻塔の前にひざまずき、念仏を唱え、念仏がひとくだり唱え終わると、輪廻塔の塔しんにある輪廻車をひとまわしまわしてさらに念仏を唱えたのである。総高二メートル三十五センチ。東覚寺の梵鐘が長野の南佐久の神宮寺にある。これは戦国時代田口の武将が上州攻めの戦利品として同地に持ち帰り天正十二年（四三一年前）に神宮寺に納めたとこの鐘に彫ってある。

正法寺の輪廻塔

寒念仏供養塔（前橋市青梨子町正法寺墓地）

念仏講には暑念仏、寒念仏、夜念仏などがある。暑念仏は夏の暑い盛りの土用に、夏の太陽がじりじり照り続ける下で念仏を唱えるのである。暑い苦しい中で念仏を唱えれば、仏はお救いくださると思い行ったのだ。寒念仏はそれとは反対で大寒の厳寒の中で念仏を唱えれば、これまた仏様はお救いくださると信じて行って来たのだ。さらに夜念仏は昼間は忙しく働き、夜、昼間の疲れにも耐えて念仏を唱え仏のご利益にあずかろうとしたのである。正法寺にある寒念仏供養塔は、寒念仏の講の人々が供養塔として建立したもので、享保十年の銘が見えるから今から二百八十七年前のものである。青梨子町の祖先の生き方が知れてくる貴重な石造物である。

正法寺の寒念仏供養塔

貰《もら》われて行った悲恋地蔵（前橋市総社町新田）

昭和四十五年に前橋市総社町新田から、利根郡水上町湯ノ小屋にお地蔵さまが貰われて行った。お地蔵さまも大都市から谷深い奥利根の環境に、さぞ驚嘆したことであろう。

新田地区では道路の拡張にともないお地蔵さまを他に移動することとなったが、移動する適当な場所がなく思案していたところ、仲介者が現れ湯ノ小屋の旅館に貰われて行ってしまった。

その後、地区の古老が地蔵尊を失ったことを嘆き、湯ノ小屋に交渉したが地蔵尊はもどらなかったと言う。

お地蔵さまの信仰形態に、死後の世界に迷う亡者を救済してくれるという功徳がある。こうしたことから、古くから上州人には地蔵信仰は濃厚であったのだ。

さらにお地蔵さまは、私どものすべての願いをかなえてくれるとあって、延命地蔵や夜泣き地蔵、子育て地蔵から盗難、防火、イボとり、酒かい地蔵に至るまで、各地にこれらの名称のお地蔵さまが見られる。中でも幼い愛児や結婚前に、他界した若者は死後の世界において、鬼に「親のためにも、地域の役にもたたずなぜ、死の世界にやって来たのだ」と、金棒で攻められ果ては地獄へと追いやられる。

この時、つかと地蔵さまが現れ、鬼どもを錫杖《しゃくじょう》で追い払い、子供たちを極楽へと救ってくれるのである。

夜泣き地蔵や子育て地蔵など子供に関した地蔵尊の多いのは、こうしたことに起因しているのである。お墓に行くと三十センチほどの小地蔵を今も多く見ることができるが、それは幼くして亡者となったわが子に建立した墓石なのだ。愛児が極楽に行けますようにと、親がお地蔵さまに念願した証なのである。

総社町新田から貰われて行ったお地蔵さまは悲恋地蔵といい、それには一つの俚《り》伝が残されている。

「むかし、恋仲の若い男女があった。しかし、二人はことあって別れ別れになってしまった。女は相手を忘れられず、行方知れずの男の後を追って、果てもない旅を続ける。しかし、愛する男をさがし求めることはできなかった。女は力尽き総社町新田地区の路上に倒れ、若い命をひきとった。そして、こと切れるまで恋する男の名を呼び続けて死んで行ったと言う」。新田地区の人々は、この哀れな女の死を見るに見かねて、この地に葬り成仏できますようにと地蔵尊を建立した。その後だれ言うとなく「悲恋地蔵」と呼ばれるようになった。

この悲恋地蔵には享保五年八月吉日とある。二百九十五年前のもの。享保の人々の生活は現在よりはるかに貧困であったろう。しかし、行き倒れの女を成仏できるようにと、地蔵尊まで建立したこの地区の方々の心は尊い。

こうした祖先の心を考えると、やすやすと貴重な文化遺産を地区から手離してはならないのだと思われる。

湯ノ小屋にある悲恋地蔵

総社の縁切り薬師（前橋市総社町）

世相映し祈願者増

「弁護士に依頼しても離縁できないものが、この縁切り薬師に祈願すると必ず離婚できる」と自信のほどを地元の人々は語る。この薬師さまのことを「縁切り薬師」と呼ぶ。前橋市総社町字阿弥陀寺にある。かつては、この薬師さまの前の道は、結婚前の娘や結婚後の女性は通らなかった。この薬師の前を通ると、薬師さまに離婚させられてしまうという言い伝えがあるからだ。

縁切り薬師は石でつくられ、古いホコラの中に安置されている。そして、石質の見分けがつかないほど白く化粧が施され、この薬師の周囲には、高さ二十センチほどの小薬師が幾百体も奉納されている。離婚をかなえてくれると、本尊に化粧してやるのと、この小薬師一体を願かけ札とするのが、たてまえとなっているのである。昭和三十年の私的調査の折には、小薬師が現在の三倍近くもあった。この薬師さまは、現在までどれだけ多くのカップルの離婚を司ってきたことか。

本尊の薬師の傍らには、現在も紙に離縁を願うカップルの名前が書かれ奉納されている。一例であるが、男四十八歳の氏名、女四十四歳の氏名がある。このカップルは名字が同一であることから夫婦とみえる。事情あって離婚の祈願をしたのであろう。昭和十四年五月十二日生まれの男の氏名。昭和十三年三月二十八日生まれの女の氏名が書かれている。男女の名字のちがうところから、不倫のカップルの離縁の祈願とみえる。他にも写真付きのものなど祈願者は多い。

かつては、この地区に住む岩丸団次郎さん（明治十九年生まれ）がこの薬師の濃厚な信者で、団次郎さんに離婚をお願いし、祈願してもらうと必ず離婚はかなえられたとか。この地方では「縁切り団さん」で名が通っていた。団次郎さんも数年前にこの世を去ってしまった。

この薬師が縁切り薬師と呼ばれることに一つの俚《り》伝がある。

「むかし、長尾の殿さまが城内に掘った堀から水をあげようとしたが、水はあがらなかった。そこで若い一人の女性を無理やり堀に沈め人柱としたところ、その女性は地上に上りたいと叫んで死んで行った。そこで人柱として犠牲になったその哀れな女性を人々は薬師如来として祀った」——これがこの縁切り薬師なのである。総社神社の神官である内田門太夫さん（明治四十二年生まれ）談。

またこの伝説について『元総社村誌』では、「岩屋縁起」と題して次のように述べてある。

人皇四十九代光仁天皇の代、上野の内利根の西七郡を群馬郡という。その所の領主群馬太夫満行というものがあり、男子八人があった。満行の死後郡内七分して夫々知行あり、その中八郎満胤というものは容貌人に勝れ、芸能及ぶものがなく、弓馬の徒に長じたので、満行の都の名代として屡々出仕した。後この家の惣領となり、兄七人はその次となった。父満行の死後、三年の孝養も過ぎたので、満胤都へ上り三年在京して勤仕した。時の天皇大いに感じ、国の目代に任命された。満胤悦び限りなく、国に下って政道を施し、権威盛となったので、七人の兄達之をねたみ、力をあわせて之を夜打にし、石の空棺に入れ、高井の郷蒼海の風呂沼鳥喰の淵の辰巳にある、蛇塚の岩屋（今の元惣社北、総社町との境で古はこの二村の地方を高井郷と称し、慶長年中の頃分村したと言う）に納めた。満胤は恨深く、殊に才智のあった人だったので、心に誓いをなし、八大竜王諸天善神に列し、伊香保明神、赤城明神に竜水の法を乞い、三年の内に身は大蛇と化し櫃蓋を破り出て、兄達七人を始めとし、妻子並に眷族悉く取り尽したという。其の後同国の者をも残らず取ろうとしたので国の歎き甚しく、万民の哀悼限りなく、人々は亡国の基なりとさわぎたて、この由を都に奏聞したので、天皇大いに驚き給い、彼の岩屋に一年一度のいけにえを供うべしとの事だったので、大蛇も了解して之を待つようになった。

此のいけにえの絶えたのには一つの物語がある。或時上野甘楽郡の中に小幡の庄権頭宗綱というもの、此の岩屋のいけにえの番に当った。その娘を海津姫という。年十六才にして容貌人に勝れたが、この娘こそいけにえとなるべき人であった。子は親を、親は子を思うは人情の常である。両親は姫に別れるを悲しみ、娘は老いたる二親に先立つ不孝を歎き、親の悲しみ子の歎き、せんかたなき有様であった。宗綱は悲哀の余り所々をさまよい歩いたが、偶々都から三条宮内の太夫藤原朝臣宗成の子、宮内判官宗光奥州への勅使として下る途中、南牧の境の尾坂にて面会し、小幡の宿へ案内し、種々饗応をした。判官は心ならずも遂にしばらく逗留した。宗綱も親子の名残りを惜み、且は悲しみをはらそうと、三日三夜の酒宴を開いた。宗綱は判官に向って申すのに、我に今一人の娘あり、御目に掛らせようと海津姫を出した。判官は一目見るより恍惚として草の閨の床浅からざる仲となり、鴛寫比翼の契、千年の齢を願うようになった。然し海津姫は此の世の契りは初草の夏なれど、我が身は秋の末っ方、大蛇のにえにかからんと、明け暮れ歎くばかりであった。判官は之を知らず千秋の契りを誓った。小幡姫は殊に八月頃になれば、打しおれたる女郎花、目もあてられぬ風情に、宗光之を見て、御身の有様いぶかしや、いかなる事ぞと問えば、物も言わずに打臥して、今幾程の契ぞと別れを歎き涙せきあえず、声を立て泣き臥した。御前女房を始めとして、袂をぬらさぬものは無かった。判官は夢にも知らず事のわけを問えば、権頭申すよう、当国の掟として毎年九月九日に高井の風呂沼の大蛇の為めに生けにえを供えるのであるが、今は自分がその番に当り、姫を供える筈になるので、君の別れ又は親子の別れと一入に欺き悲しむのである。判官言わるるに、我が身に今迄知らせぬはおろかなり、たとえ淵瀬に沈むとも、姫と一所にならんとこと、かねて思う事であるから、その身替りに我を立て姫の命を助けん、大蛇が用いざれば姫ともろ共大蛇の中に飛び入らん、未来は真如の期に帰り、共に仏果に至らん、雪山童子は法の為めに其の身を神に投げたもうた。我は妻の為めに此の身を毒蛇に施そう。順逆に縁はかわるが、同じく仏果に至るであろう、皆々歎くなと言いつつ持仏堂に入り、一乗妙典を怠らず読誦した。月日に関のなく、最早その日に当り、宗光はかねて期したこと故、あじろの輿に乗り姫も同じく乗って高井の郷へ赴いた。

小幡の一族と京家の人々十六人も同じく供し、道々の歎きもことわりであるが、中にも海津姫の歎きは哀れであった。翡翠の釧（くしろ）かり落し、人の菩提の便りとする一乗法華の功徳空しくない事故、我等が契り深く五十六億七千万年過ぎて後、出でます慈尊の法会に至り、同証仏果の身とならんと語り終って泣くに、前後左右の軍兵等は涙をふかぬ者はなかった。姫は十六才、判官は二十五才、岩屋に着くや宗光はにえの棚に登り、北向きに座り、玉軸の御経を読めば、しばらくして大蛇は石の戸を押し開き岩屋の外へ出て来たが、頭には二八の角をいただき、眼は赤く日の如く、除所目に見るも身の毛のよだつ恐ろしき有様である。判官は少しも驚く色なく、提婆品の則往南方無垢世界産宝二蓮泰成等正覚の文を読めば、畜趣成仏の文を聞き大蛇も少し怒りを止める様子である。有普門品も持ったので読経いよいよ殊勝に、宗光珠数を押しもんで南無一乗妙法蓮華経薬王勇施と此の諸大菩提多門持国天此護世四天法華守護三十番神十四羅刹現と未来を助けよと、信心肝に銘じ斯誓すれば、大蛇は頭をたれ苦行して言うに今有り難き御経文を聞き、数年の妄執消え仇も恨もなし、誠に大善知識なり、今より以後岩屋に生けにえを懸ることはない、如来神通秘密の功徳により、我れ今神明の形を請い、当国に姿を残さず、悪世衆生の利を図ろうと言い終って大蛇は岩屋にひきこもった。

宗光は棚より去り、小幡の一族も京家の人々も、共に夢のさめたような心地に随喜の涙を流した。その夜岩屋大いに震動して大蛇は那波郡（佐波郡）の福島の郷に神と現れた。今の八郎大明神が之れである。国の目代がこれを記して内裏へ申上げた。天皇大いに感心されて、奥州への使は別に下し、宗光は当国を守護せよと上野国司を命じられた。判国の喜は一方でなく、小幡の一門、海津姫は神の化現と、ほかの国の人々も恐れかしこんだ。

宗光は田舎にありながら、二十六才のとき中納言中将に進み、三十一才で大納言右大将に昇り、権頭は国の目代となって人民を支配した。宗光の室海津姫は後日子供生れ、其の後子孫長久障解のため、高井の郷、青海の人味御供の棚場に寺を建て宗光山阿弥陀寺と号し、毎年九月九日法華経千部大施餓鬼を執行して、曠劫化異機縁にて最初の娘は化粧薬師となり、小幡の家は栄えて多くの子供が誕生した。男子三人女子二人あり、男子二人は奉公を勤め、一人は国にあり、二人の娘の中一人は信濃国司田村右大将に縁を結び、一人は武蔵国司二条左大将の室となった。判官宗光は国民の父母と人とたたえられ、大蛇のためには大善知識故、国民あげて神とあがめた。今の多胡庄鎮守辛科大明神は是である。白鞍の明神という男女神二躰があるのは、小幡権頭夫婦を神と祭ったもので、八郎大明神の父、群馬太夫満行は長野郷に満行権現となって、今椿名の神となり、八郎の母は白雲衣権現となったが、椿名の本地地蔵が之である。このように各地に跡を垂れ衆生を利益するのである。

このように述べてある。

総社町の縁切り薬師

薬師如来本来の信仰は、病気平癒として医薬を司ってくれるということにある。このような薬師さまの功徳は、医薬の発達しなかった時代には、上州人の間に薬師信仰は濃厚であったのだ。

ともあれ、この縁切り薬師は現代の世相を反映した信仰形態にあり、ますます隆盛。人は精神的に追い込まれて来ると、神や仏にすがって生きねばならなくなってくる弱い存在のようだ。ここに俗信が生まれ、記録しておかねばならない貴重な民俗でもあるのだ。

子育て地蔵（前橋市総社町）

日枝（ひえ）神社の老松が遠く過ぎ去った文化の面影を物語るかのように、春がすみの空に高くそびえ立っている。

この日枝神社から東へ五十メートルほどの十字路角に、二体のお地蔵さんがある。俗に、〝子育て地蔵〟と呼ばれるもので、右手に宝棒（錫丈＝しゃくじょう）、左手に宝珠（ほうしゅ）を持って地蔵堂の中にやさしく安置されている。

このお地蔵さんの宝珠や顔が朱色に化粧されているのにおどろかされる。化粧した石仏は他の地区でもよく見かけるところだが、石造の仏像に対しても自分たちと同じように美しく化粧してやり、願いをかなえてもらおうとする人々の心のやさしさがしのばれる。

お地蔵さんには、昔から願かけのためにおかけ（御掛）がかけられた。お地蔵さんのそのおかけを借りてきて子供にかけさせると丈夫に育つのだといわれ、お札参りにはおかけを二枚にして返した。今でも、このお地蔵さんには数多くのおかけがかけられている。地区の人々から今も厚く愛されている証拠である。

このお地蔵さんの本祭りは、毎年八月二十三日に行われる。子供たちが祭り行事の中心で、真夏の太陽の照りつける祭りの前日に、近くを流れる五千石用水の水でお地蔵さんを洗い、おかけを洗たくし近くの火の見櫓（やぐら）に高々と干し、お堂もきれいに清められる。

そのあと、村世話人の家を一戸一戸回って、昔は一銭から十銭くらい（現在は三百円ほど）をもらい、集ったお金で駄菓子を買って〝子育て地蔵尊〟と書いたお札にこの駄菓子をつけて各戸に配った。この駄菓子を食べるとその年、病気にかからないといわれている。

この子供行事のいっさいを切り回す子供役には、親頭（おやがしら）と子頭があり、集めたお金と駄菓子の分配を行う。親頭、子頭はこの地蔵行事を通して、はじめて〝身上（しんしょう）まわし〟を覚えるのである。

「——このお地蔵様のお蔭ですかね、昔から近くの五千石川におっこちた者もいねえし、村の子供たちも昔からはやりヤメエ（流行病）なんかにゃあ、かからねえんだといわれてるよ……」

総社町山王の自治会長阿久津広司さん（五十八歳）は、真剣に話してくれた。

総社の人たちに愛されてきた子育て地蔵

徳蔵寺の十王（前橋市元総社町徳蔵寺墓地）

冬空にそびえ立つケヤキの大樹の枝を北風がひゅうひゅうと鳴りながら吹き過ぎていった。

ここは元総社町徳蔵寺の墓地の中。ここに〝十王供養塔〟と呼ばれる石仏が思い思いの形相を見せて、苔むしている。

人は死ぬと次の世で十人の裁判官、つまり「十王」によって、生前の罪の軽重を決められるといわれる。昔の人たちは死後に少しでも罪の軽減をしてもらおうと、生前に十王の石像を建てて供養したのである。

この十人の裁判官を石宮などに彫り込んで供養した遺物は、今でも各地に残っている。徳蔵寺の十王供養塔もその一つである。

この供養塔は写真でもわかるように、裁判官を一体ずつ、石を使って丸彫りにしている。普通は十体彫られているはずなのに、この徳蔵寺のものは、八体しか見あたらない。その中の一体は、首まで土に埋まり、草むしている。あと数年もすると、地中に姿を没してしまうかもしれない。こうした現象はほかでもしばしば見受けられる。石造物（信仰）と現世の人間が激しく分離して生きている何よりの証拠であるといえる。

——さて、この十王の裁判官は次のような過程で、死んだ人たちの裁判をするのである。

ひと七日（なぬか）には、泰広王（しんこうおう）の裁判を受ける。

ふた七日には、初江王（しょうこうおう）の裁判を受ける。

み七日には、宋帝王（そうていおう）の裁判を受ける。

よ七日には、五官王（ごかんおう）の裁判を受ける。

いつ七日には閻羅王（えんらおう＝閻魔様）の裁判を受ける。

む七日には、変成王（へんせいおう）の裁判を受ける。

四十九日には、太山王（たいざんおう）の裁判を受ける。

百か日には、平等王（びょうどうおう）の裁判を受ける。

一年忌には。都市王（としおう）の裁判を受ける。

三年忌には、五輪転輪王（ごりんてんりんおう）の裁判を受ける。

――現世社会の裁判も長びくといわれるが、死後も三年にもわたって裁きを受け、そして果ては地獄か極楽へと人は行くのである。

徳蔵寺の死後の世界の裁判官十王

ああ初夏の大惨事（高崎市金古町常仙寺境内）

昭和六年五月十六日のことであった。群馬郡金古町四つ家の絹市場（現高崎市）で、映画上映中に出火、観客十三人が焼死、重軽傷者数十人という大惨事となった。八十四年前のことである。

当時、この絹市場は金常館と呼び、絹市のない日には蛇などの動物の見せ物などが行われ、学校で生徒を引率してそれを見物させたりもした。入場料は当時一人五銭。このように絹市場は多目的会館でもあったのだ。

この大惨事の日は「昭和のおふさ」と題する映画の上映があり、午前中は国府小、清里小、金古小の低学年が観賞し、午後は高学年、そして夜と、この映画の三回興行を行った。この映画は当時、高崎市内の小学生、富沢みえ（現在金古町に在住で福田みえ）さんがモデルであった。みえさんは五歳のとき、父親を病気で失い、病弱の母を助けながら二人の弟をかかえて生き抜いた親孝行の生活が歌となり、レコード化され、さらにはこの映画となった。これは当時、郷土の孝女とあって大反響を呼んだ。

惨事は夜の第三興行のクライマックスシーンのところで発生した。映写機の過熱が出火の原因だった。映写機の近くには裸のままの多くのフィルムが置かれ、そのフィルムに引火、一瞬にして館内は火の海と化し、女、子供の悲鳴と荒れ狂う炎は館内をまたたく間に覆い、全焼し十三人の焼死者を出した。

上毛新聞はこの惨事を次のように報じた。

「金古にて小林特派員発、十六日午後十時四十分頃、群馬郡金古町絹市場で（高崎の孝女みえ）を映画化した昭和のおふさの活動写真を上映中発火したので、大騒ぎとなり観衆は悲鳴をあげて出口に殺到して、逃げ出そうとしたので、大混乱を呈したため、十三名の焼死者と、数十名の重軽傷者を出し、近来稀有の大惨劇を演出して、同市場と隣の大森稲荷を全焼して、十一時半鎮火した（以下略）」。

この大惨事に遭遇した榛東村新井の湯浅友吉さん（大正四年生まれ）は兄、姉、妹二人の五人で観賞中、姉と妹二人が犠牲となり、下の妹は六歳といういけなげな年齢であった。

友吉さんの父親福造さん（明治十六年生まれ）は軍人で、厳格な人で夜の映画観賞などふだんは許さないが「孝行もの」とあって、福造さん自ら五枚の券を購入してきて、子供五人を映画へ走らせた。そして、運悪く愛児三人を一瞬に失ったのである。友吉さんは当時の父親の様子を「おやじは厳しい方でしたが女の子三人を一度に失ってしまい、顔を手で覆いながら裏口のところにいるのを、時々みました。どんなにか切なかったのでしょう」とむせびながら語ってくれた。

昭和七年、この大惨事の犠牲者のためにと、絹市場関係者等によって、延命地蔵（高さ一メートル七十センチ）を現場に建立したのである。

いつの時代でも惨事は予告なくやってくるものなのだ。過日起きた高知学芸高校生の中国での修学旅行中の惨事や、昭和六十年の上野村日航機事故など、悲しみは私どもにしみていて、いつまでも去らない。

常仙寺に移された延命地蔵

幻の雷神の石造物（高崎市箕郷町矢原）

日照時間が宮崎県に次ぎ、全国で第二位の群馬県は乾燥した風土。そして、雷と季節風の多い県としても有名である。

雷は人間の力ではかなわない脅威のものとされてきた。そのためか群馬では雷神信仰が濃厚。邑楽郡板倉町の雷電神社をはじめ、各地に雷神を祀った石殿（石宮）等が多く見られる。しかし、雷神の石造物で像容（雷神の姿を刻んだもの）は誠に少ない。県内では高崎市下小鳥町の蓮華院の浮き彫りの雷神、沼田市上発知町弥勒寺の雷神が知られているだけである。

昭和三十二年五月三十日のこと。群馬郡箕郷町矢原地区を中心とした石造物の私的な調査のおりのことだった。数体の石造物群の中の一体が倒れていた。起こしてみると何とそれが捜し求めていた雷神の浮き彫りの石造物だったのだ。感嘆と喜びと、あのときの感動は今も忘れられない。

高さ六十七センチ、頭上に二本の鋭い角、そして怒り顔、船形の光背の先端には雷印を一つ置き、宝輪を思わせる五つの雷太鼓、雷神は右手に太い太鼓棒を持ち、雷雲が雷神の左半身をおおっている。記年銘無し。しかし、光背の反りからみて江戸時代末期の作品であろう。

高崎市蓮華院の雷神の細工と実によく似ている。同一の石工の手によるものではないかと思われる。古くこの矢原地区には石工の集団が住み着いており、榛名山の表より出土された通称「榛名表《おもて》の白ガサ石」と呼ばれる細工のしやすい良質の石を素材に石造作品を産出していたといわれている。そのせいかこの地域には、重量感のある石造物の作品が非常に多い。

特に天明八年建立の千手観音や、享保九年の青面金剛などの名品は今も心に深く残っている。もちろん雷神もその一つ。

この雷神の石造物は、この地区の石山と呼ばれる石工の刻んだ残りのくず石を拾って積みあげた山の頂上に建立してあったものを昭和十年代に八幡宮に移し、さらに昭和五十一年秋、この地区の「集出荷所」に移し、現在に至っている。

この矢原地区には、かつてさまざまな雷の俗信があった。この地に住む秋山又三郎さん（明治三十一年生まれ）は、調査のおり次のように語ってくれた。

この矢原地区は夏になると雷が特に激しく、それも富岡の小幡に出る雷雲は「小幡の三束雨」と称し、荒れ狂う夕立として特に恐れられた。

また節分の豆を袋に入れ、囲炉裏の鈎竹につるしておき、初雷のときその豆を食べると落雷にうたれないという。なお、家の棟木に「みず木」の枝を麻でゆわえ付けて置くとその家は、落雷を避けることができるという。

人間の力ではかなわない巨大な雷の前にひざまずき、なけなしの財布の銭をはたいて雷神の石造物を建立し、人々がそれにすがって雷の難を逃れようとした、古人の精神文化のすばらしさに、深い感銘を持つのである。

箕郷町矢原の雷神（昭和32年写す）

降雹悲し（高崎市箕郷町柏木沢）

明治二十年五月二十三日のことである。この日、上州の空は快晴。目にしみるような紺碧の空は、無気味なほど鮮やかだったという。ところが一天にわかにかき曇り、激しい雷鳴と鋭い稲妻の走る悪天候に変った。そして鶏の卵大の雹《ひょう》が降り続き、積雹は一メートル以上の高さとなった。被害は莫大なことになった。群馬郡特に箕郷地方が中心だった。この降雹は人身事故も招いた。

箕郷町柏木沢新田の当時十七歳の少年であった久保田和三郎さんは、この日このような悪天候になろうとは知らず、馬をひいて相馬ヶ原に草刈りに出かけていった。現地でこの恐ろしい降雹に遭ってしまったのである。

雹が降り止んでも本人は帰宅しなかった。村では騒ぎとなり、八方手をつくして捜したところ、相馬ヶ原の金明水（清水の湧き出る所）近くに馬もろとも雹の中に埋れて、痛々しい姿で死んでいる少年を発見したのである。

このような悲惨な状態からもわかるように、「桑も麦も野菜も雹に打ち砕かれ、見渡たす限りの氷原となり、緑色のものは何一つ目に入らなかった」と、当時の状況を箕郷町柏木沢本田の狩野マサさん（明治十七年生まれ）は語ってくれた。この話を語ってくれた狩野マサさんも数年前に他界してしまった。

この雹害で特に打撃の大きかったのは養蚕農家であった。桑は全滅し蚕に餌を与えることができず、村人は飢える蚕と悲しい数日を共にしたが、思案のあげく村中の蚕をこの地区の不動寺前の空地に葬ることになった。

人は大穴を掘り、飢えで痩せ細った村中の蚕をそこに葬った。

村人はこのことに深く心を痛め、蚕を葬った上に高さ三メートルほどの土盛りをして塚を築き、翌年明治二十一年四月に、蚕の霊をなぐさめようと蚕霊神を祀った石殿（高さ九十五センチ）を建立したのである。

雹害で農家は無収入というきびしい生活にありながら、庚申の罰を恐れて、さらに村人は塚の回りに百庚申（庚申と刻んだ百基の石碑）を建立したのである。

庚申さまは、人間が日常の生活の中で悪事を働くと、その者に大怪我を与えるか、死に至らしめるという大罰を与える神として、当時村人に恐れられていた。蚕を生き埋めにしたことに、村人はおののいていたのであろう。

かつてこの地区の人々が苦しい経済と、悲痛な心情の中で建てた百庚申も現在十四基残るだけで、他は見あたらないのが誠に残念である。

そして降雹から十年後、明治三十年五月に、この悲惨な災害を後世に伝えようと、蚕影碑《こかげひ》と称する石碑（高さ百二十八センチ）に、この災害の全容を克明に刻み、塚の手前に建てたのである。

上州人は淡白だとか、開けっぱらいであるなど、軽薄に考えられる一面もあるが、過去の上州人は実に謙虚で、さらにそこに深い思いやりの心を秘めていたのだ。

箕郷町柏木沢の蚕影碑

民間信仰編

総社神社の水的神事（前橋市元総社町）

一年間の雨量を占う

前橋市の総社神社は、古く国司により五百四十九の神社を合祀して、社号を総社大明神（総社神社）としたのである。

この総社神社では年の始めに数々の神事を行う。置炭照降法《おきずみ》や筒粥《つつがゆ》神事、水的《みずまと》などの諸行事である。水的の行事は、年始めにその年の雨量を占うための行事なのだ。日本の文化は稲作文化ともいわれているが、水稲はもちろんあらゆる作物の収穫に、その年の雨量の増減は大きく影響するので、それは即、人間の生活や生命に関係してもきたのである。

総社神社では水的の行事を一月六日に行う。神官は拝殿で祝詞を奉納し、神前に奉納してある弓矢と的をたずさえ、的を境内の大ケヤキの地上四メートル程の所に取り付ける。神社総代二十八人が見守る荘厳の中で行われる。神官は弓に矢をつがえ、力いっぱい引きしぼり、的から三十メートル程離れた所から的めがけて矢を放つ。矢は三回放たれる。放った矢が的に命中すると、その年の雨量は最適であり、矢が的の手前に落ちると水不足、的を越せばその年は大洪水になると占うのである。

ちなみに、昭和六十三年に行われた水的の結果は、上半期は矢が的を越し「水量多し……洪水」であり、下半期は矢が手前に落ちて日照りであった。総社神社の水的の神事では見事的中したのである。

年の始めに神前において、その年の雨量を占うとはなんと厳粛な行事なのであろう。この地区の人々が、古くから農業協同体の生活の中で培ってきた自然と人間との対応的行事のすばらしさに感嘆する。

総社神社もさることながら、全国には八万ほどの神社がある中で、四万社ほどが「米の神様」といわれている。今さらながらわが国が稲作文化と称される意味が解かるような気がする。

日本人の主食である米の栽培が四季の生活行事の核となり、生活から切り離すことのできなかった貴重さがあわせて考えられるのである。夏に日照りが続き作物に悪影響が起きると、群馬では雨乞い行事を行い、榛名湖や赤城の大沼などの霊験あらたかな湖から「御水」を迎え、雨が降るよう祈願をする。更に獅子舞のある地域では近くを流れる川に獅子を暴れ込ませる。すると龍（水神）の住む神聖な川水の中に、異質な動物（獅子）が暴れ込むことによって、神聖な場が汚れたと龍はそれを怒り、雨を降らせるのだといわれる。

また雨天が幾十日も続くと、天気祭りを行う。神社に村人が集まり、太鼓を打ち鳴らしながら、晴れるようにと祈願するのである。水的にしても、雨乞いや天気祭りなどすべて米や作物が豊作になるための祈りの行事なのだ。米作りを妨げる天災や病虫害などもすべて神にお祈りし、神の力を借りてそれを防ごうと、古人はしてきたのである。近代農業が著しく変わろうとしている現在、総社神社の水的の行事は、特に貴重なものなのだ。

総社神社の水的神事

総社神社の置炭照降法《おきずみてりふり》（前橋市元総社町）

かつては神にお祈りして天候を予測した。それが総社神社に神事として現在も伝承されている。

毎年一月十四日夜半、総社神社拝殿前に四本の青竹を立て、しめ縄を張りめぐらし、中央にまきを積み神官の祝詞の後、氏子に見守られながら積んであるまきに火がつけられる。真夜中の暗く深い神社の森の中で、赤々と燃え立つたき火は異様な情景をかもし出す。拝殿に奉納しておいた長さ三十センチほどの黒けしの炭十二本を燃える火の中にくべる。古くは白けしの炭を「カンカン」といって用いたという。神官は二本のシノ竹の火ばしを持ち、それで熾（お）きた木炭の先端を持って一本ずつ静かに引き出す。十二本の木炭が引き出し終わると、行儀正しく一列に並べる。最初引き出した木炭を一月と定め二番めのものを二月と決めて、十二本の熾きた炭で一年（各月）の天気（照降）の予測をするのである。

ちなみに本年度（昭和五十六年度総社神社置火照降予測表）をあげてみると、

一月初旬と下旬に降る
二月下旬に降る
三月中ば過ぎと下旬に降る
四月初旬に降る、あとは晴天
五月初旬少し過ぎて降る
六月初旬、中ば過ぎ、下旬に降り
七月初旬に降る
八月中ばと下旬に降り

九月初旬と下旬に降り
十月初旬に降る
十一月晴天
十二月晴天
となっている。
非科学的という向きもあろうが、かつて人々は神の見守る前で天候の長期予測を厳粛に行い、その結果をみて、作物のまき付けや年間の生活計画を立てたのである。

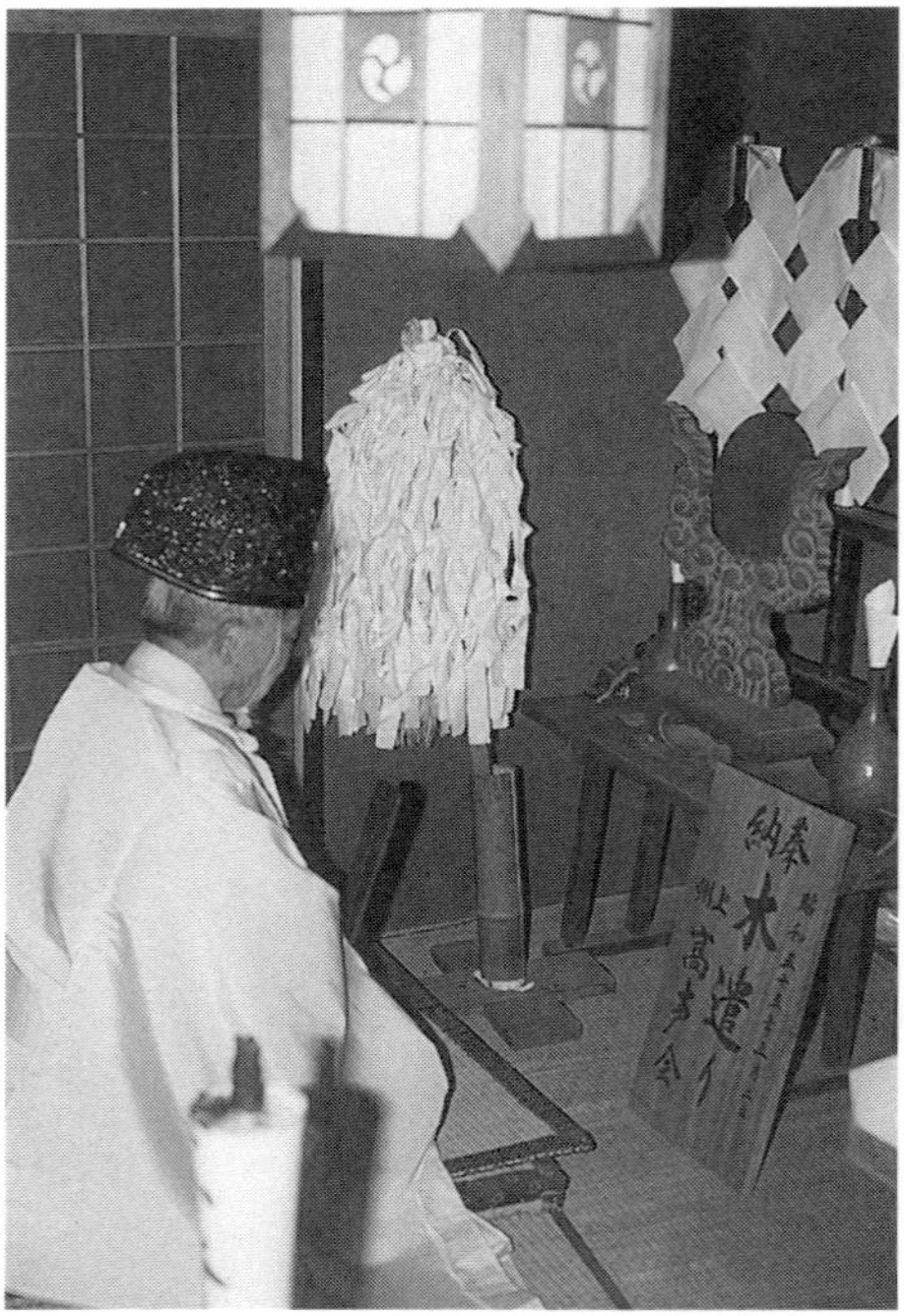

真夜中の総社神社での置炭照降法

身障者が奉納した絵馬（前橋市元総社町）

総社神社に全快祈願

現在のような福祉社会が到来する以前には、身体障害者の方々は自分の体の全快を願って、ひたすら神仏にすがってきたのだ。その一つの証である身体障害者の奉納した絵馬が前橋市総社神社には数多く残されている。

総社神社は五百四十九柱の神々が祀られてある格式ある神社である。障害の全快にご利益があるとあって、県内はもちろん遠く富山県や新潟県など、全国の津々浦々からこの神社に身体障害者の方々は信心にやって来たのである。身体障害者の方々は大八車に引かれて来るのが普通であった。そして、神社の境内にある「おこもり堂」にこもり、最初二十一日間の信心をし、全快しなければ三十日、百日間あるいは一年、二年という長期にわたっての祈願を続けたのである。

毎日おこもり堂の近くにある「つるべ井戸」から清水を汲みあげ、それを全身に浴び、身を清めて神前にひざまずいて祈願したという。これを水行《みずぎょう》と呼んだ。このような祈願は夜となく昼となく続けられた。特に真夜中の「丑三つ時」の祈願はご利益があるといわれ、肌の凍るような寒中でも全身に水を浴びては神にすがったのである。

祈願のかいあって全快する者も多く、全快前後のいずれかに神社に絵馬を奉納し、遠く故郷へ帰って行った。去る者来る者、全国各地から身体障害者の方々が次々と来ては祈願したのである。

ところで、これらの人々の食事の世話をはじめ、寝具類、洗濯、身の回りの面倒などの一切は、総社神社の隣接に住む女性によって、幾百年にもわたって続けられてきたのである。

身障者が奉納した総社神社の絵馬

それも無償で行ってきたのだ。世話することを「番手」といい、各家で順番に世話をしたのである。このように身体障害者の方々と長い年月にわたって触れあってきたためか、この地区の人々は神社のおこもり堂にいる身体障害者以外の身障者にも深い理解を持っていたのである。一例であるが、元総社町に住む小平正雄さん（大正三年生まれ）の曽祖父にあたる亀吉さんは明治初年、新潟へ馬買いに行き、帰宅途中、道端に身体障害者の子供が飢えで倒れていた。亀吉さんはその身体障害者の子供に食べ物を与え、馬に乗せて元総社の自宅に連れ帰り、総社神社に祈願を続けたところ全快し、前橋の街なかに店を持たせ、その後その方は幸せに生活を送ることができたという実話がある。

ともあれ上州人は人情に厚く、そのうえ屈託がないといわれるが、素朴な生活の中で身障者に対し幾百年にもわたって、それも無償で献身的奉仕を行ってきたことは、単なる人情論的なことではかたずけられない、心の奥そこに祈りの心が秘められていたのではなかろうか。

現在、ボランティアということが重要視されてきているが、祖先の残してくれた貴重な足跡こそ、継承して生きなければならない責務があるように思える。

「のろい釘」と「のろい人形」（前橋市元総社町）

現代でも秘かに続く

現代のような言論の自由が保障され、そして表現の自由が確立されている自由社会の中でも、のろい釘やのろい人形を媒体として、恨みを果たそうとする呪法が群馬県下で秘かに行われているのである。これは考えられないほど不思議な民俗である。

のろい釘やのろい人形を行うのは、相手が自分に対して取り返しのつかないような妨げなどしたとき、それが積もり積もって恨みとなる。そして、その相手に面と向かって、その恨みを果たすことのできない状態が続くとこの陰惨な行為となるのである。

のろい釘やのろい人形は、人の寝静まった丑三《うしみ》つ時《どき》に神社の境内の樹木、特にご神木の幹に相手を呪いながら釘を打ち込むのである。釘は古釘でなるべく大きいもの（普通五寸釘）がききめがあるとされている。

また、のろい人形は板か藁で人形を作り（群馬では藁人形が多い）、丑三つ時に神社の大木の幹に打ち込むのであるが、特に人形の眼や口、胸などに釘を打つのである。のろい釘やのろい人形をやると呪われた相手は死に至るか、それ相当の打撃を被るのだといわれる。

しかし、釘を打つ現場を人に見られたり、打ち込んだ釘を後日、人に発見されると、効果はなく「恨み返し」といって本人に返ってくるのだという。

前橋市の総社神社の杉大木に、昭和五十九年五月と昭和六十年十月にのろい釘とのろい人形が打たれてあった。この時の呪い人形には、呪われた相手の名前が鮮明に書かれてあった。これらを取り去

のろい釘が打たれた杉の木

るにはしきたりがあって、総社神社の神官である内田門太夫さん（明治四十二年生まれ）によると「拝殿で祝詞をあげ、次に釘の打たれている樹木の前で御祓を済ませ、釘を塩で清めてから抜きとるのだ」と、また「六十年には特異なのろい人形が鳥居の近くの大ケヤキに打たれており、人形の股に釘が打ち込まれ『シモ』の関係に恨みのある方のものだったのであろう」と語ってくれた。恨みにも時代背景があるようだ。

　この総社神社ばかりか、県内の神社に意外に多く見える。一例であるが前橋市昭和町の岩神稲荷神社（飛石稲荷）の境内にある大銀杏。前橋市保存樹木指定七十九号、高さ十八メートルの、地上百六十センチほどの高さの所に、五寸の丸釘ほか三本の「のろい釘」が、さらにこの大銀杏のすぐ西にある市指定七十六号の銀杏にも地上百六十五センチほどの高さの所に、五本ののろい釘が打ち込まれている。いずれの釘も相当腐食が見える。

　昭和三十年三月、この岩神稲荷神社の私的な調査の折に、この銀杏に江戸期のものと思われる四角釘が二本見えたのを覚えている。現在はそれを取り去った跡だけが古く見える。

　のろい釘などは閉鎖的社会にのみ起こる現象だと考えがちだが、科学が進み月や星に人間が到着するような現代社会でも、こうした陰惨な呪法が、それも都市に生きているのは誠に不思議である。

百万遍（前橋市上青梨子町）

百万遍の付帯物は鉦と桐製の大人の握り拳位いの輪状の百八個に麻縄《なわ》を通した大きな珠数。町内の淡島神社の境内に七月にむしろを敷き、その上に地域の人々が輪座になってそれぞれが大珠数に手を掛け、珠数を隣の人に回しながら「ナンマイダー・カタマメダ」と唱えながら、百万回珠数を回すのである。

祖先達は神や仏に数多くを祈願すれば、神仏のご利益を得られると信じて来たのである。例えばかつて重病人が出ると近隣の方々が神社に百度参りや千度参りをして、病気全快を願った。要するに祈願で自分を苦しめればご利益にさずかる事が出きると信じてきたのだ。

境内での百万遍から次に地域内の幾か所かの辻でも百万遍を同様に行う、これが「百万遍の辻念仏」である。七月に百万遍を行うのは、夏の真っ盛り、生水や生物を口にすると流行性の病にかかった。また、他地域で発生した流行性の病気がおらが地域に入り込まない様に、百万遍の辻念仏を行ったのだ。医療の乏しかった時代に生きた祖先達は、やはり神仏にすがって生きて来たのである。こうした祖先からの伝統行事を今も伝承して来てるこの地域の皆さんに只々敬服せざるを得ない。

上青梨子町の百万遍

地蔵和讃（北群馬郡榛東村）

県下で地蔵信仰は盛んであった。しかし、現在はごく少なくなってしまった。

群馬郡榛東村南と上サ（かさ）地区には、古くから地蔵祭りが残されている。十五歳から四十二歳の厄年までの男子が木彫りの地蔵様を安置した御輿（みこし）を中心に、切り子と呼ぶ大行提灯を先頭に、大提灯六本、花万灯二本、万灯四本を加えた行列に参加し、陽が沈むと地蔵和讃を唱えながら、村中を練り歩き暗い村道を提灯の明かりが参列者の案内となる。

八月一日から二十四日まで、毎晩夜の更けるころまで昔は行われた。今は一日、七日、十五日と三日間。各戸では行列が近づくと、おさご（米）をささげる、要求があれば大念仏を門口から唱えその家に入り、続いて地蔵和讃を唱える。子供の死人のあった家では賽河原（さいのかわら）の哀れな和讃で家族の心をいやし、家族は亡きわが子を回想し、深い涙にむせぶという。お茶が出れば「お茶和讃」を、酒が出れば「酒和讃」、そして最後に「お礼和讃」を唱える。

また行列が田にさしかかれば「田植和讃」、橋では「橋和讃」、辻（つじ）に出れば「辻和讃」を唱える。

榛東村の地蔵和讃

地蔵和讃は時代の経過に伴い民衆の生活の中に定着し、庶民の実生活にそくした和讃へと変化していった。こうした和讃の変形過程をはっきりと示しているのがこの榛東村の和讃である、

田植和讃

帰命頂礼十七が
今年はじめて田を植えて
しかもその田の出来のよさ
たけが七尺穂が五尺
何だら駒にも八穂一駄
八穂で八石とれるなら
おれのお宿に倉七つ
倉の番にはだれがなる
一に小雀二につばめ
三に鶯ほととぎすとよ

お茶和讃

帰命頂礼このお茶は
新茶か古茶か宇治の茶か
旅の疲れで飲みしれぬ
宿に帰りて物語り
お茶のご恩は富士の山とよ

酒和讃

帰命頂礼この酒は
新酒か古酒か牡丹酒か
旅の疲れで飲みしれぬ
宿に帰りて物語り
酒のご恩は富士の山とよ。

（榛東村南）

自然な姿で庶民の生活の中に、これ程根深く食い込んでいる地区行事はまれであろう。

このように念仏や和讃を唱えながらめぐり歩くことは、古く鎌倉時代に発生したものであろう。一遍上人の時宗の影響や西上州箕輪城主の長野氏が深く信じていた等の影響も考えられる。しかし、このような行事がより根強い信仰となり発展した根底には、阿弥陀信仰や地蔵信仰以外に、この地区住民の身辺にある。夏の疫病の恐怖や御霊送り、虫送り等と同じように亡者の精魂供養が基盤にあったからであろう。

天道念仏（前橋市古市町）

前橋市古市町では現在も、春秋の彼岸の中日に天道念仏を行う。男子は六十歳になるとこの天道念仏衆に入会する。中日には「暗辻（あんじつ）」に十三仏の掛け軸と灯明を立て、たたき鉦をうちながら、日の出から日没まで天道念仏を唱和しつづける。

がしゃくしょうじょうしあくごうかい
ゆうむしとんじんちじゅうしんぐい
しょじょういっさいがこんかいざんげ
（三回唱える）

なむあみだなみあみだねんぶつ
なむあみだなみあみだねんぶつ
なむあみだ
（二十回唱える）

じゅうおうじったいなんまいだ
（二十回唱える）

ゆうずうねんぶつなんまいだ
（二十回唱える）

おんなぶちゃあでえるしゃあな
まかもだらまにはんとまじんばらはら
ばりたりゃうんうんなぶきゃ
（二十回唱える）

こうみょうへんじょうじっぽうせかい
ねんぶつしゅじょうせっしゃふしゃ
（二回唱える）

（前橋市古市町）

念仏のたたき鉦の音は各戸に彼岸を告げる。村の衆はこの鉦の音を聞くと、にんじんじゃがいもなどの煮しめ物やとうふなどをもって、「天道念仏」へ奉納に来る。子供が参拝に来ればその煮しめ物をあたえ、普段口にすることのできない特別料理を子供たちはいただけるとあって、天道念仏に立ちかわり幾回も来たという。

太陽も沈み念仏が終ると、供え物の煮しめものを念仏の参加者が直会（なおらえ）といってお残り頂戴の儀を行い、そのご馳走をわけあって食べる。今は煮しめ物でなくほとんど酒の奉納という。

天道念仏は昔神事（太陽神の信仰）として古市町で行なっていたものであろうが、後世仏教の普及と共に、神の魂を祖先の魂とおきかえて考えるようになったものであろう。目本の神事の中でもその信仰は特に古いと考えられる。「太陽信仰」（天道信仰）が仏事の彼岸の中日にこの土地で行われていることは、その変遷を知る上に貴重である。

古くから農耕民として生きぬいて来た古市町の人々は、生産に太陽は欠かせないものと信じて来た。たとえば農作物の初茄子（なす）ができると、古市町の人々はそれを捧にさし庭光に立てて太陽にそなえるなど、その信仰の名残りが今も感じられる。

最近、老人問題など世間で深刻化してきているが、この地域の老人達は古くから伝承されてきた「天道信仰」を通して、共に念仏を唱えまた語り合いしてお互いを認め合い、連帯性を深めながら生きていく姿は尊い。この地域の老人たちに太陽エネルギーなどと呼ぶことは通用しない「おてんとう様」と呼んだ方がはるかに直接的なのである。

古市町の天道念仏

二十二夜和讃（前橋市古市町）

三月十二日は二十二夜様のご縁日とあって、前橋市古市町では六十歳以上の女衆が公民館に集り、二十二夜様の和讃と祈願をする。二十二夜様にお参りすると子供を安産することが出来るといわれ、この町に住む女衆はすべてお参りに来る。

昔は毎月三日、十三日、二十三日と決って和讃を行なったが、現在は月の十三日のみ行う。

公民館に二夜様（二十二夜様）の掛軸をかけ、灯明と線香をたいて二夜和讃、女産泰和讃など唱和する。

老人（女衆）の唱和するこの和讃は他の和讃とちがい、きわめて民謡的な曲節をもち誠に美しい。各自打つ小さなたたき鉦（かね）の音は、悲しく流れる和讃の調べを更に静寂にする。

帰命頂礼ありがたや
産泰様と申するに
女一代の守り神
わけて信じんする人は
福とくずみょうと授けべし
かいたいいしたるよにんには
さんにむかいしそのときは

一心こめて手を合わせ
たちまち安産いたすべし
生まれきたるおんこには
めめようじょしさずけべし
ごしきのみすがたあらわして
千代万代にいたるまで
守らせ給えやありがたや

（前橋市古市町）

この地区では和讃は二百年も前から行なってきたという。医学的にも乏しい農村で、女性は出産という大事を二十二夜様に和讃で祈願することによって、安産できると永いこと信じてきたのだ。

参拝に来る者はダンゴを二つの重箱に山盛り持って来る。山盛りのダンゴがころげ落ちると、出産どき子供が、「ころがり出る」と縁起をかつぐ。「身ごもった嫁」には、奉納した短い三センチほどのろうそくを一本あたえ、出産どきこのろうそくが燃えきる間に安産できるという。

ここ古市町には、幾百年もの間難産やお産で死亡した者は一人もないといわれ、二十二夜様のご利益と女性の高い精神生活から来る自信のほどがうかがえる。

かつては奉納したダンゴを子供たちが群れをなしてもらいに来た。今日その姿も少なく、奉納される物もケーキや清涼飲料水と現代っ子の喜ぶ物で、ここにも時代の波が感じられる。

古市町の二十二夜和讃

現代医学の進歩がいかに発達していても、女性にのみあたえられた出産という大事においては、納得しきれない精神的なものが残る。それが二十二夜様信仰なのだ。人工衛星が打ちあげられる以上に、子供の生命が生まれることの方がはるかに大切である。

江田の地蔵かつぎ（前橋市江田町）

八月十四日の早朝、子供たちの歌う地蔵和讃の合唱は、たたき鉦と太鼓の伴奏に乗って、静かな地区内に響き渡る。前橋市江田町の地蔵かつぎである。六十キロほどの重い祠の中に、高さ三十センチほどの木彫りの地蔵様を入れ、地区内を子供によってかつぎ回るのだ。この行事は古く数百年前から行われてきたのだと古老は言う。

地蔵かつぎの組織は、一戸一名十歳から十五歳までの男子。十歳から十二歳の者は和讃の歌い手。十三歳は地蔵かつぎ。そして太鼓と鉦のたたき役。十四歳が下世話といって使い走り役。十五歳は世話人でこの行事一斉の運営をする。

早朝うす暗いうちに村の鏡神社に集まり、地区を回りはじめる。地蔵様が地区内に来ると家族総出で地蔵様に線香をあげ、手塩皿に一ぱいの米を奉納して拝んだ。全地区を回るとかつては米二俵も集まった。米は地区の穀屋（米屋）に売って金にかえ、石倉町の松川堂で饅頭を買い参加の子供全員に十五歳の世話人が配った。昭和のはじめで十歳の者が饅頭八個。十一歳で十二個、十四歳以上の役付きは多くとった。昭和五年、農村不況となると米の奉納は禁じられ米に代わって金となった。饅頭に代わってビスケットになってしまった。饅頭にしてもビスケットにしても、地蔵かつぎのこうした御みごくを食べると疫病にかからないのだという。

地蔵かつぎが自然な姿で地区民の生活の中に、これほど根深く食い込み和讃を唱えながらめぐり歩くことは、前述もした通り古く鎌倉時代に発生したものであろう。前述もした通り一遍上人の時宗の影響や、西上州箕輪城主の長野氏が地蔵信仰を深く行っていたなどの影響も考えられるのである。しかし、このような行事がより根強い信仰となり、発展した根底には、阿弥陀信仰や地蔵信仰以外に、この地区住民の身辺にある、夏の疫病への恐怖や御霊送り、虫送りなどと同じように、亡者精魂供養が基盤にあったからなのである。その何よりの証は、この地区の地蔵かつぎ行事が迎え盆に合わせて行われていることなのだ。盆行事が何らかの都合で変更の度に、地蔵かつぎ行事もそれに合わせて日が変わってきた。この地区でも明治の中ほどから現在に至るまでに四度も変わってきている。盆との結びつきがいかに強固であるかが窺えるのだ。

江田町の地蔵かつぎは、疫病除去だけでなく安産加護にも大変ご利益があるとされ、妊婦はこの日、長さ十センチほどで三角の布製の座布団を美しく作り、地区に来た地蔵かつぎの祠のまわりにぶらさげる。これが安産祈願になるのだ。この地区に住む小野里覚さん（大正八年生まれ）は、この地蔵かつぎについて「今は子供会主催で、男の子も女の子も参加して、毎年やっておりますが、わしが子供のころ、昭和のはじめにこの行事に参加して、和讃を十三番まで覚えるのは大変でした。だが饅頭十個もらったんなぁうれしくて、今も忘れられませんよ」と当時を語ってくれた。

子供たちが行う江田町の地蔵かつぎ

行幸田の庚申待（渋川市行幸田）

庚申さまは恐ろしい神様で、日常生活の中で人間が悪事を働くと、天帝である庚申様（青面金剛《しょうめんこんごう》）がその者に大罰を与え、大けがをするか、死に至らしめるのだという。庚申信仰は中国から渡来した道教信仰で、わが国には平安時代にすでにあったとされるから古いものなのだ。

私たちの腹の中には三戸《さんし》と呼ばれる庚申の三匹の虫がおり、六十日目ごとに回ってくる庚申の夜、人が寝込むとその虫が天帝の庚申様に、その人間の悪事を告げに行くのだという。そのため庚申の晩は徹夜での信仰をしたのである。そして食生活も肉や魚は避け精進料理。なお庚申の夜は夫婦生活も慎んだ。庚申の晩、子供を身ごもると、不具な子供が生まれるとされた。江戸の川柳に「庚申の夜は持ちのよい嫁の髪」とある。

さて、渋川市行幸田《みゆきだ》中筋《なかすじ》区の関口を名乗るイッケ六軒では、文化六年から現在に至るまで、この庚申待を続けてきている。戦前分家したものが一軒と戦後一軒加わり、現在は八軒で構成。講員は男性のみであるが、最近は女性も参加。庚申待の宿に当たる家は抽選で決める。宿に当たった家ではその日風呂を沸かし、参加者全員風呂に入り、座敷には庚申の掛け軸を下げ、その前の机には参加者の食べるソバが奉納される。参加者は座敷に設置された庚申さまに礼拝が済むと会食となる。莫大な量のソバを用意し、それをお椀のふた十枚にひとっちょっぽ（大人の握りこぶし大のソバのまとまり）一つずつを載せて置き、二人の女の子供が給仕となる。会食が始まると参加者の椀の中に、給仕の女の子は猛烈な速さで椀ぶたのソバを入れる。この椀ぶたに乗せたソバを、オカメンと呼ぶのだと。一人がソバ三十っちょっぽもたべると満腹となる。すると一休憩。参加者はそれぞれ風呂に入って腹をへらし、またソバの会食となる。これ以上ソバが食えなくなると会食は止め、世間話などの歓談となる。

古くこの庚申待を六軒で行った頃は、宿の家に一泊し、朝食後抽選で決まった次の宿の家に、掛け軸や机など庚申待の用具を持ち運んでおひらきとなった。

八軒で庚申待を行うようになってから、宿の家に宿泊もしなくなった。そして、庚申待の伝統的なソバの食事も変わりつつある。酒やビールが会食を賑わし、刺し身や食事は飲食業者から運ばれての庚申待と変わってきた。

古くは精進料理を食べ、私生活までも慎んでの庚申信仰であったが、時代は変わり、時代に即しての庚申待となってきているが、一地域で百八十年もの長い間、連綿と伝承されて来た庚申待には驚嘆する。

この地に住む関口六二さん（明治四十一年生まれ）は「私は少年のころから村づき合いに参加してきました。この庚申待もその一つですが、庚申待を通して関口イッケが一堂に会して親交を深め、協同体の団結を確認し合った場が、庚申待だったんですよ」と語ってくれた。

行幸田中筋の庚申塚の青面金剛

黒沢川の不動様（渋川市入沢）

伊香保町水沢の浅間《せんげん》山の裏側に、黒沢川の源がある。この川は渋川市入沢地区で平沢川に合流し、そして利根川に注ぐ。この黒沢川の谷には古く大蛇がすんでいたという俚《り》伝があり、うら淋しい暗い谷である。さらに黒沢川には、もう一つの伝説が残されている。

「むかしむかし、黒沢川の川沿いに巨大な雄石と雌石が二つ並んであったと。この川は大洪水の起こる川で、ある夏のこと大洪水で雄石が下流に流され、二つの石は離ればなれになってしまったと。雄石はそれを悲しみ、毎年大洪水となって雌石が自分の所に流れて来るよう水沢の浅間山に祈願したと。するとそれから毎年大洪水が起こり、田畑は荒れ果ててしまい、村人は困りきってしまったと。ある日、一人の村人が山仕事からの帰り、雄石の近くを夕方通りかかると、恐ろしい動物の鳴き声がするんだとさ。驚いた村人が立ち止まって見ると、浅間山の上空に真っ黒の雲が立ちこめて来たかと思うと、その黒雲に恐ろしい黒い龍がはい上がって行くんだと。するとき急に大粒の雨が降り出し、一寸先も見えないほどの大雨になってしまったんだとさ。村人は雨の中を夢中で家に逃げ帰り、そのことを村の人たちに話したと。村人はみんな、あれは雄石が大洪水を起こさせる呼び声だったんにちがいないっといって恐ろしがったと。そこで村人たちは相談し、黒沢川に残されている雌石の上に、不動様の変化身である倶利伽羅《くりから》を建立したと。すると、その後洪水は少なくなったんだとさ」

この雌石は現在、黒沢川の途中にある。高さ一メートル五十九センチ、幅二メートル三十六センチの巨大な石で、その上に倶利伽羅の石造が建立されている。倶利伽羅は高さ八十一センチ、裏面に「天明六年四月」（今から二百二十九年前）とあり、「石工織田伊兵衛」と見える。この倶利伽羅の石造物は、この川の下流の上郷地区の人々によって建立されたと伝えられる、昔、この地区の人々が黒沢川の洪水によりいかに悩まされてきたかがうかがえる。前述したように倶利伽羅の建立が天明六（一七八六）年。この年より三年前には上州と信濃境にある浅間山の大爆発があり、それによって人々は大飢饉に遭遇し、生活にあえいだ。そして間引きが横行し、さらには県内では五歳児を川に流し、生活をしのいだ大変な時代でもあったのだ。こうした社会事情の中にありながら、上郷の人々がなけなしの財布の金をはたいて、洪水を鎮めるべく不動明王の変化身である倶利伽羅の石造物を建立したことは、生きるがための必死の祈りからなのだ。上郷地区の人々は、この不動様の祭りである四月二十八日には酒、煮しめもの、赤飯などを持ち寄って不動祭りを伝承しているのである。

雌石に近い明保野地区に住む佐藤勇さん（昭和四年生まれ）は「現在でも強い雷雨や長雨になると、この地区では道の上二十センチも水が川のように流れるんです。昔はこの黒沢川の下流に住む人たちが、どんなに水害に泣いたかがよくわかります」と語ってくれた。

雌石の上の倶利伽羅剛

山王の鳥追い（前橋市総社町山王）

鳥追い行事は県下各地で一月十四日の夜半に行うところが多い。前橋市総社町山王でも、古くから鳥追い行事が行われてきた。山王の子供は小正月十四日の朝飯が済むと、宿と呼ばれる親頭の家に集まる。親頭は鳥追い行事の一切を取りしきる最上級生なのだ。子供は各自カシの木の枝に御幣《ごへい》を付けたのを持ち、さらに手作りの鬼やキツネなどの紙の面をかぶって集まるのだ。そして、大太鼓を天びん棒にさし、それを小頭にかつがせる。小頭は最上級生の次の学年の者なのだ。親頭がその太鼓の打ち手となる。冷たい北風の吹く村道を太鼓を先頭に西から東へ、村中を太鼓に合わせて大声に鳥追いうたを歌いながら回る。

鳥追いだ鳥追いだ
ありゃあだれの鳥追いだ
じっとどんの鳥追いだ
頭切って尻切って
醤油樽へさらべぇ込んで
佐渡ヶ島へぶん流せ
おおほんや　おおほんや
じらんぼっくりおつかねぇ

村中を回り終わると、お払いといって各戸を一軒一軒全員で回る。戸ぼ口と呼ばれる玄関から座敷へ飛び上がり、持っているカシの木の枝を思い切り振り回しながら大声に「やく祓《ばら》い、やく祓い」とどなり、家の隅から隅まで暴れ回る。二階があれば二階にも飛び上がってお祓いを行う。その家で鳥追いの子供が暴れれば暴れるほど、疫病や邪鬼・悪魔などがその家から退散するという。さらに子供たちは家の中に飾られている、小正月に作った繭玉を木の枝にさしたものに無理に体当たりする。子供が繭玉に突き当たると、その年、蚕が当たるのだという。繭玉の近くには新年に買い求めてきただるまが飾られてある。このだるまが繭玉を睨んでいると、その年、ネズミが蚕を食べに来ないという。

各家の悪魔祓いが済むと、子供たちは村境まで、太鼓に合わせて鳥追いうたを大声に歌って行き、歌の最後に「ジランボックリおっかねえ」と一斉に唱え、太鼓を小刻みに打ち鳴らし、鳥追いの宿である親頭の家を目ざして、全員が全速力で逃げ帰るのだ。そのとき後ろを振り向いてはいけないのだという。振り向くと、村はずれまで追い払った害鳥などがついて来るのだと。

家の中で暴れる鳥追いの子供たち

鳥追い行事は隣の中国から日本に伝えられたものである。年の初めに作物を食い荒らす害鳥を追い払い、作物の豊作を予祝する生活行事なのだが、しかし、時代が降るにしたがって、その付帯目的も悪魔祓いや養蚕の予祝へと変わり、他県の鳥追いにみられない上州独特の性格のものへと浮動しているのである。ここに日本の民俗行事の独特な特異性がみられるのである。

総社町山王の鳥追い行事も戦後一時中断していたが、この地に住む阿久津宗二さん（昭和六年生まれ）などの尽力により、昭和四十七年に見事復活。現在、子供会が中心となり継続され、活発に行われているのである。消滅は簡単であるが、復活と継続にはなみなみならない努力を要するものなのだ。

さて、前述のように古人は、子供が繭玉に突き当ると蚕があたると、今にない深い精神性を持ってきた。更に東面の人々の最大の信仰は榛名信仰だ。榛名神社は榛名山の巨大な奇石と老杉の険しい中に建ち、創立は用明天皇元年と伝えられる。埴山毘売神《はにやまひめのかみ》が祭神。古くから雹・霜・虫除けにご利益があると言われ、榛名信仰は東面の人々の心の寄せどころであったのだ。

どんど焼き（前橋市総社町総社）

七草を過ぎると、男の子たちは村境などに、どんど焼き小屋を作りはじめる。そして小正月十四日の夜明けにそれを燃やすのだ。高学年の者が頭（かしら）とか親方と呼ばれる役につき、どんど焼き行事いっさいの指導者となる。

どんど焼き小屋はピラミッド型で、小屋の中心には長さ十メートル近くもある太い一本の青竹を柱のように立て、それに枝木やわらなどを取り付けて、りっぱな小屋に仕上げる。子供たちの協調性や創造性に驚嘆する。小屋作りの一つ一つを親方の指導のもとに、寒い北風の吹きさらす中で行う。鼻汁をすすりながら枝木や川土手のササ刈りなどして、どんど焼き小屋の材料集めをし、それを使って小屋の完成をみるのである。小屋の中は二階建て。二階には親方級の者がいて、低学年の者に仕事を指図をする。小屋の中は北風が吹き込んで来ないので暖かく、そして楽しい。かつては大鍋におしるこやおでんをいっぱい作って、腹いっぱいほおばった。夜になると高学年の親方たちが、小屋の中に泊まって番をする。隣村の子供たちがどんど焼き小屋の襲撃に来て、小屋を倒したり、小屋に火を放って焼いてしまう心配があるからなのだ。

大正期、利根川西のある地区では、小屋の中に泊まった子供が、襲撃に会い焼死した事故もあった。それ以来その地区ではどんど焼きは中止となってしまった。

小正月近くになると、子供たちは家々の正月の飾り松を集め歩いて、どんど焼き小屋の中に入れる。各戸では松集めの子供たちにわずかなお金を与える。

親方は集まった金で「おみごく」にする駄菓子を買ったり、どんど焼きに参加した子供全員にそれぞれお金を分け与えたりして、生まれてはじめて身上回しを覚えるのだという。こうした生活行事を通して、りっぱな上州人になるための素地を形成していくのだ。

十四日の夜中にいよいよどんど焼きが始まる。子供たちは大太鼓を青竹に結わいつけ、それをさしかつぎにし、太鼓に合わせながらどんど焼きうたを歌い各戸を回りどんど焼きの開始を告げる。

道祖神が燃えますよ
はや夜が明けますよ
起きろやあい
起きろやあい　（総社町総社）

太鼓の音とどんど焼きうたは、寒い真夜中に響き渡る。それを聞いた地域の人々はわれ先にと繭玉や餅などを持って、どんど焼き小屋に集まる。どんど焼き小屋に放された火は、あかあかと暗い夜空をこがす。どんど焼きは村にあった疫病などいっさいを新年に焼き捨ててしまう行事なのである。

集まった大人も子供も、どんど焼きの火で繭玉や餅を焼き、家に持ち帰り家中でそれを食べる。どんど焼きの火で焼いた餅など食べると、その年は疫病にかからないという俗信があるのだ。現在、どんど焼き行事を行うところは市内に数か所しかない。

総社のどんど焼き

他

金井宿と地下石牢（渋川市金井中之町）

佐渡送りの罪人幽閉

三国街道の一宿に金井宿がある。

三国街道は上野、信濃、越後の三つの国の国境である三国峠を通過するので、その名が付けられたといわれる。ともあれ関東と越後を結ぶ重要な街道であったのだ。この街道は古代交通路としても貴重な街道であったはずである。大和朝廷が東国の蝦夷を征伐のため、上野国（本県）を本拠地と定め、この街道を通って蝦夷の鎮静にあたったのではなかろうか。更には戦国の武将である上杉謙信なども、この街道を通って関東へ兵を運んだことであろう。三国街道は古代よりさまざまな歴史性を持つ街道であったといえよう。

しかし、何といってもこの街道は表日本と裏日本の物資の重要な流通路であったことと、更には佐渡の金山支配の佐渡奉行の往来の街道でもあったのだ。この三国街道を別名佐渡往還と呼んでいるが、当時いかに佐渡金山への奉行の往来の激しかったかが窺えるのである。だが、不思議なことに、佐渡からの金は別の輸送路を経て江戸へと運ばれたのである。また、この街道は北国大名たちの参勤交代には欠くことのできない交通路でもあった。

三国街道の高崎宿から金古宿、渋川宿、そして次の宿駅が金井宿である。金井宿の置駅については、井伊兵部小輔直勝が洪水どきの危険を案じて高台の杢《もく》坂の地に住民の移動を図り、四十八町歩余りの膨大なこの地を切り開いて、寛政年間に金井宿ができたものと推測されている。しかし、この金井宿は水の便に難儀の地で、そのため榛名山東面の二つの谷が合流する二本樋《とよ》から取水し、宿屋敷の東と西に水路を通し、更に大きな井戸二本を掘って生活用水としたのである。そしてこの水路に沿って二本の夜盗道を通した。夜盗道は宿泊の大名や侍が賊の襲撃を受けた時の逃げ道の役目と、夜間警護の一路でもあったのだ。この夜盗道は宿屋敷の裏を通って、金蔵寺山へ抜け逃げられるようになっている。

金井宿の本陣跡（現在金井中之町児童公園）に、江戸中期のものと推定される地下石牢がある。このような石牢は県下に類をみない貴重なものである。この石牢は佐渡送り中の罪人を入れたとされる。金井宿の次の宿にいくのは吾妻川を渡らねばならず、吾妻川が増水となると、この石牢に幾日間も罪人を閉じ込めて置き、警護の武士の厳重な警戒がなされたという俚伝がある。この石牢は間口三メートル、奥行き四メートル、高さ二・五メートル、四方を切り石で積み上げ天井は栗材の丸太を並べ、入り口は北側から七段の石段を下る。入り口には高さ百六十五センチ、幅四十六センチ、厚さ十五センチの石の戸びら二枚が取り付けてある。この石牢の南側の積み石の間に小さな長方形の穴がある。牢中の罪人の監視と差し入れ用の窓だったとされる。この地に住む松村正作さん（明治三十六年生まれ）は「私の子供のころ、この石牢の上には大きな家があって、石ののぞき窓から中を見ると、漬物や味噌の入った大樽がうんと置いてあってね、戦後これが地下石牢と聞いてたまげたんですよ」と話してくれた。

地下石牢ののぞき穴

箕郷町の鳴沢湖（高崎市箕郷町）

十二年かけ苦難の築堤

鳴沢湖には今年も、北国から間もなく白鳥が飛来するであろう。初冬の雄大な湖の数百羽の鴨と、白鳥の群れのコントラストは言い知れぬ平和さを感じさせる。

鳴沢湖は箕郷町富岡地区にある人造湖。昭和十三年十二月に鍬入れしてから苦難の年月を経て、昭和二十五年の春に完成した。築堤当時はこの湖を中部用水と呼んでいたがその後、鳴沢湖と命名した。この湖の近くに、かつて鳴沢寺と呼ばれる寺があった。そして、この地を鳴沢と呼んでいたこと、さらにはこの湖の北側中央部に涸れることのない清水がわき出ていた。そこで、永久に涸れることのない水と、鳴沢の地名を取って鳴沢湖と命名したのだと古老は言う。

この湖はかんがい用のものとして築造されたのであったのだ。

榛名山の東面にあたるこの地方は古くから干ばつに悩まされ、過去幾百年にもわたって干ばつと闘ってきた地域である。そして、貯水池造成の声は絶えまなく続けられて来たのである。その経緯をたどってみると、古く江戸時代に榛名湖から取水を試みたが失敗したり、さらに吾妻川の水を渋川を通してこの地方に取水しようと図ったが、これまた失敗に終わっている。そして次には白川に貯水池を造り、そこから取水するよう考え県に陳情するのである。県ではこれを受けて白川の支流である栗之木沢の合流点をせき止めるべくボーリングを試み地層の調査を図ったが、残念なことに岩盤がなく築堤は不能となってしまった。

しかし、この地方（渋川市をはじめ榛名山東面十六ヵ村）の人々は、貯水池の造成について絶え間なく当局への陳情を続け、ついに昭和十二年この鳴沢の地が群馬郡中部用水造成の認可となったのであるが、本格的な築堤工事が始まったのは昭和十四年一月からである。当時はモッコやシャベルを使っての原始的な作業で能率は上がらず、そこで関係町村では出役人夫を毎日決めて出し、勤労報告隊の旗を立て激しい労作業が続けられた。戦争中は学徒動員の若い学生の参加もあった。そして戦後になると前橋刑務所の受刑者の多くが連日働いた。思わぬ出来事もあった。昭和二十二年九月十五日、キャスリン台風の襲来で山崩れが起き、ダム北側で前橋刑務所の刑務官六人が貴い命を失ってしまった。そして昭和二十四年十一月十九日には、粘土採取作業中の作業員一人が土砂に押しつぶされ、帰らぬ人となってしまった。これら犠牲者の慰霊碑は湖北側西寄りの湖畔に建立されている。草深い地に一つの文化が生み出される陰には、尊い犠牲者のあることを忘れてはならない。

古くから干ばつと闘ってきたこの地方の人々の必死の願望が鳴沢湖の実現をみたのである。田畑のかんがい用のものだったのだ。現在は減反が叫ばれ、苦難の果てに築造されたこの湖も観光地化され、渡り鳥の群れが湖面に遊び平和な湖である。しかし、その陰にはこの地方の農民の必死な努力と尊い犠牲者のあってのことなのだ。

晩秋の鳴沢湖

年中行事編

前橋市清里の年中行事を訪ねて

〈上半期〉

群馬での年中行事は各地域によって少々の違いがあるが、ここでは前橋市清里地域の年中行事をあげておく。

日本の生活行事は稲作中心で行われてきた。もちろん前橋市の清里地区も同じである。その稲作の周期に合わせて行った生活行事が今も細々残されている。

五節供がそれである。一月一日、三月三日、五月五日、七月七日、九月九日を節目として一年間の生活が行われてきた。しかし、現代はそれが少々崩れてきた傾向にあるが、今もその行事の時は特別な料理を作り神仏に奉納し飲食物が付きものなのである。

一月

(1) おとそ酒

一月一日は五節供の第一回。おとそ酒を飲む。正月の寒さともち腹におとそ酒は消化の上からも良い。おとそ酒には百合の根、ききょうの根など薬草入りの酒で人間の身体に最適である。さらにおとそ酒は増血にも良いとされた。

(2) 大正月と小正月・二十日正月

- 大正月は一日から七日（松の内）
- 小正月は八日から十五日
- 二十日正月は十六日から二十日

(3) ボツ切り

ボツ切りと言って一月六日に繭玉を刺す木を取りに行く。若木迎えとも言う。繭玉を刺す木は山桑、楢（なら）、水ぶさ、桑の木（畠から）、柳の木の枝を山や川端から取ってくる日である。良い木があると山の神に餅二枚、ゴマメとおさごを半紙の上に上げ、「この木を切らせていただきます」と呪文を唱えてから木を切る。他人の山の木でも持ち主に断りなくもらってきて良いとされていた。黙って切って来ると蚕が良くあたるのだという。

(4) 七草粥（かゆ）

七草粥などに入れるセリなどは一月五日の日に採る。一夜セリは縁起が悪いと言われる。セリなどをまな板の上で包丁の峯かスリコギ棒でたたきながら七草の歌を歌う。「七草ナズナ、唐土の鳥が渡らぬうちに」と歌いながら強くたたく。

古く中国では鬼車鳥という害鳥が農作物を荒らし、日本にその害鳥が渡って来るので、そこでその害鳥を追い払う行事なのである。

まな板を強くたたき大きい声で歌う。そうすると害鳥がその音に驚き逃げ去りその年作物が豊作になるのだと。新年に害鳥を追い払って豊作を願うのである。

(5) どんど焼き

どんど焼きは一月十四日夜半に行う。村はずれに子供たちがどんど小屋を作って一月十四日に燃す。どんど焼きの子供組織があり（一年生から六年生まで。現在は中学生も）親頭（おやがしら）と小頭は上学年の者がなり道祖神の指揮をとる。一月十四日夜半太鼓で村人を起こし歩く。歌を歌いながら起こし回る。「道祖神が燃えますよ。早や夜が明けますよ」子供たちの歌と太鼓を聞くとどんど小屋に繭玉、小正月餅、するめ、みかんを持って、村人は小屋に集まって来る。

小屋を燃やす火で繭玉などを焼いて食べる。家に持ち帰って家中の者で食べると病気にかからないし風邪をひかないと言われている。

道祖神のモイツクジを屋根に上げておくと風邪除け、火事にあわないのだと。

協同体の中で子供が大切な役割を果たしていたのである。

池端町のどんど焼き
（昭和57年1月15日写す）

(6) 成木責《ぜ》め

一月十三日か十四日、繭玉をゆでた湯を家のまわりにまいたり果樹にかけ、「なるかなんねえか」と唱えながらナタで木の幹に傷を付ける。そして繭玉をゆでた湯を傷にかける。ナル木責めをすると果実がその年豊作になるのだと。

(7) かゆかき棒

かゆかき棒は一月十五日。ぬるでの木の先端に繭玉を一つ付けかゆをかき回しかゆが多く付くとその年稲が豊作になるのだと。

かゆかき棒は神棚に奉納しておき五月の苗代づくりに用いる。苗代の水口にかゆかき棒を刺しておくと、稲が病虫害に合わず豊作になるのだと。

二月

(1) 節分

節分の日に豆の木とナスの木、菊の木をかまどで燃す。豆は年取りの日から一年豆に暮らせるように。ナスは借金をナス、悪い物を返すの意。菊の木を燃やすのは悪いことを聞かないようにとのこと。

(2) ヤカガシ

柊（ひいらぎ）や栗の枝の二俣にイワシの頭を刺す。それにツバをかけながら願いごとをする。

・願いごと

①大麦、小麦、大豆、小豆の虫の口をやく。

②百匹の虫を焼く。

③ナス、夕顔の虫の出口を焼く。

④四十二色の虫の口を焼くと唱える。

節分の豆を取っておきカギ竹に付けておき初雷に食べる。落雷にあわないのだと。

(3) 初午

豆まきがすんで二月の初めての午（うま）の日に繭玉を作りわらを一升枡にさかさまに差してその中に繭玉を飾り進ぜる。蚕がその年富作になるのだと。

(4) お事始め

お事始めは二月八日に行う。夜の明け方暗いうちに庭先に竹竿の先にメケエ篭（目の荒い篭）を上向きにして立てる。天を渡る悪魔がそれを見て「俺よりマナコの多い恐ろしい者がいる」と思って立ち去りながら、その家に金を入れたという言い伝えからこの行事を行う。

お事始めの日には赤飯を炊いて食べる。

三月

(1) 桃の節供（三月三日女の節供）

昔は桃の節句というのは「きゅうにん湯」といって桃の種を干しておいてそれを煎じて飲んだ。それで桃の節句と言った。現在は桃の花を飾り白酒を飲むようになっている。日本原酒はドブロク（白酒）でそれを節供に飲んでいるのだ。

節供の餅はひし形。池や沼の水面に生える「ヒシ」の実の形をしている。中の実は白く鉄分が多く増血になる。そこで夏ヒシの実を収穫して乾燥させておいて女性が食べた。増血、健康になったのだと。この三月三日のひな祭り（女の節供）に「ヒシ」の実をかたどった餅の形にするのは健康になりますようとの祈りからである。

(2) 初節供の贈り物

嫁には高砂、娘に御殿。群馬では女子が生れると「衣笠大神」のヒナを（蚕が豊作になる）これを嫁の実家より贈る風習があり、お返しにヒシ餅を贈る。仲人はひな様を贈る風習があった。

内裏（だいり）びなの飾り方はおとこびなは向かって左に、女びなは右に飾る。（右に勝るものはなし）宮中の天皇様の並び方に合わせたのである。

四月

(1) 花祭り（四月八日お釈迦様）

花をまいたり飾ったりしてお釈迦様の祭りをする。さらに甘茶を作って飲んだりする。お寺で甘茶を飲ませてくれた。この日に餅をついて農休みをする家もあった。

(2) 春祭り（四月十五日）

（現在、地域ごとにかつての祭日が変更になっている）

餅をついて食べ、蚕が忙しくなるのでこの餅を地獄餅と言った。十二月十五日につく餅を「油餅」とか油が売れるように「極楽餅」と言った。春祭りは今年一年地域と家庭の無病息災、五穀豊穣を祈願するのである。

五月

(1) 出穂寅（でほとら）

麦の穂の出る頃の寅の日のことで、この日は野良に出て仕事をしない。麦の穂の出る時麦の穂にふれると穂の出が悪く麦が豊作にならないのだと。各家で出穂寅の日に「茹でまんじゅう」を作って食べる。

(2) 五日（ごんち）の節供

菖蒲の節供、尚武の節供、男の節供とも言う。ショウブとヨモギを束ねて軒下に三カ所差す。魔除けになるショウブの匂いで邪鬼が近寄らないのだ。ショウブの根を古くは干しておき五月五日に煎じて飲んだ。増血になるのだと。ショウブを用いた理由である。

ヨモギとショウブの民話

昔、昔、嫁がお節供なんで実家に里帰りに行く途中ひでえ山道にさしかかったと。
それで、すっかり晩方になってしまったんだと。
すると鬼が出て来てさらわれそうになったと。
嫁は夢中で逃げて行《い》ぐと途中ヨモギとショウブの原っぱがあったと。
嫁はその原っぱに逃げ込んだと。

それでそうっつとしゃがんでいたと。すると鬼が近づいて来て
「たしかこのへんまで来たはずなんだがなあ」
って言いながらさがしまわったが、ついとみつからねえで鬼は帰（けえ）って行ってしまったと。
嫁は夜が更けるのを待って、
その朝（五月の節供の朝）、里げえりができたんだとさ。
嫁の実家の者（もな）あ、嫁からその話を聞いて
「ヨモギとショウブはな、人間の匂いをすっかり消してしまう悪魔除けの草なんだ。そのために助かることができたんだ。よかったよかった」
と喜んだと。
それっから五月節供の前の夕方どの家でも軒下にヨモギとショウブを屋根にさげたり、ショウブ酒を飲むことになったんだとさ。

おしまい

これにあやかって
①軒下につるすと魔除けになる。
②ショウブ湯は毒蛇除けと疫病除けになる。
③ショウブ酒は魔除けと毒蛇よけになる。
④子供の虫降ろしになる。腰に巻いたひもにショウブを結い付けて引張るとビリビリとしびれる。するとと腹の中の回虫を除去できるのだと。
⑤頭にショウブを巻くと頭痛除けになる。

五月びな
よろい、かぶと、坂田の金時。武将や英雄のように男の子が強く育つようにとの願いから飾る。

鍾馗（しょうき）様

幟旗を立てる。鍾馗様は中国の伝説上の英雄で悪魔を滅ぼした人である。こうした強靭な人になれるようにのぼり旗を立てたのである。鍾馗様は日本では強い子供に育つとか悪魔除けの神とされたのである。

五月五日の特別料理

かしわ餅、もち草餅、ちまきを作る。中国の屈原（くつげん）が川に身を投じて死んだ、人々はそれを悲しんで、川にちまきを投げて供養した。屈原の命日が五月五日なのでちまきを節供に食べる風習となった。

(3) 苗代づくり

大切に保存しておいたもみを水にふやかし、苗代に蒔く。

苗代の水口には一月の小正月に作ったかゆかき棒を神棚からおろし、それを苗代の水口に刺して置く。このかゆかき棒を水に差しておくと苗代の苗に病害虫が発生しないといわれる。

六月

(1) 蚕あげ

蚕あげは多くの蚕が一斉に上蔟の状態になる（蚕の頭部が透明になり首を左右に振り桑を食べなくなる）。この状態になると急いですべての蚕を拾ってマブシに入れなければならなくなる。近所の人を雇って蚕あげをするのである。

蚕が一斉に上蔟し終わると「あげ祝」を手伝ってくれた人たちを伴って行う。この時の特別料理としてみがきニシン、にんじん、ふきん棒などを入れた煮しめものを作り、それにぼたもちか赤飯に酒となる。

(2) 麦刈り

畑に作った麦刈りも大事だが、田に作った麦は刈り上げた後に田植えをしなければならないので、田には大麦を作る家もあった。小麦より大麦の方が早く稔り田植えが出来るからである。田畑の麦刈りがすむと「刈り上げ祝い」を各家ごとに行う。特別料理としてぼたもちや赤飯を作って食べる。

(3) 田植え

六月中頃から七月初めに田植えは行う。個人の家だけで行う家もあったし協同田植えで行う家もあった。

田植えは田の水につかって何日もの仕事で農作業の中でも重労働であった。

田植えに至るまでたいへんな仕事がある。

まず田起こし（中耕）それに水を入れてくろぬり。代かきにも荒代、中代、上代とあり、代かきをていねいに行わないと、田の水が田全体に行き渡らないのだ。

次に苗取り田植えとなる。代かきの中で男の子供が七歳になるとハンドリといい馬の口をとらえて代かきの運転をする。後ろにはおとながマングワを持って代かきをするので、じょうずに子供が運転をしないと田が平にならず後のシンドリに怒られる。子供は泣き泣きハンドリをする。このハンドリ仕事はあまりにも子供に厳しいことから「七つ泣きハンドリ」の言葉が残されている。かつての男の子の通過儀礼であったのだ。

(4) おさなぶり

田植えがすむとその夜、田植えが終わったお祝いをする。それを「さなぶり」と言う。田植えに使った全ての道具を水で良く洗い台所に並べ、その横に「み」に苗を三束入れ酒を進ぜ、さらに代かきに使った「マングワ」を置き、それに酒をかけ、田植えに参加した者全員で「おさなぶり祝」となる。

この時、ハンドリをやり通した子供は上座に位置し、礼金とハンドリをやり通したことをたたえられ、一人前と認められる。

「さなぶり」は田植えが終わり田の神が早苗に登って天にお帰りになること。早苗登りが群馬ではなまって「さなぶり」となったのである。

年中行事を訪ねて

〈下半期〉

七月

(1) タナバタ祭り(七月七日)

七月七日、古くは八月七日。ホーズキの節供と言った。

タナバタには新この竹(新しい竹)を前の日に切って来る。一夜飾りは良くないと言われる。

タンザクに願いごとを書いて飾ると願いごとが叶うと言われる。

竹と一緒にネブタの木の枝を付けて飾り、朝飾ったネブタの葉をひたした水で顔を洗うと疫病にかからない。特に眼病に効き目があるとされる。

タナバタが終わると川に竹を流す。家族の一斉の「けがれ」をタナバタの竹に託して川に流す。

(2) ホーズキの節供(七月七日)

女性が子供を流(くだ)すのにホーズキの根や種を使ったのだとされる。秋の取り入れ、稲刈り、麦まきは重労働なので女性は妊娠しているとたいへんなので堕胎したのだといわれる。

かつての群馬での堕胎の仕方は、
①高い土手から飛び降りる。
②さつま畑のウネをころがる。
③寒中川水に入って体を冷やす（春先《さき》の雪《ゆき》しろ水が効果がある）。
④ホーズキの根を使う。
以上のような方法で行った。

非科学的なやり方でかつての女性の苦難が知れてくる。

(3) 土用丑の日

古くは丑湯といって伊香保の湯に行ったりもした。自分の家で風呂をたき天ぷらをして食べる家もあった。

丑の日にうなぎを食べる風習はそんなにも古くない。昔は丑の日には黒色のものを好んで食べた。体のためになる。病気にならないということであった。黒色のもので農家ではナスなどをナス味噌として食べるようになった。それが上等の食べ物であった。

うなぎを丑の日に食べるようになったのは、江戸期に皇居のお堀の工事をする人夫たちが昼飯に手製の大むすびにお堀で捕ったうなぎをブツ切りにして竹串に刺し、それを焼いて味噌を付け、昼食のむすびのオカズにして食べた。それを見ていた近所の人たちがうなぎを串刺しにして焼いて食べるようになり、それが流行した。特にうなぎの蒲焼きの名称の起こりは皇居のお堀の土木作業員が串に刺したブツ切りのうなぎの形が蒲の穂の形に似ているところから、蒲焼きと呼ばれるようになったのである。

暑い夏の土用に栄養価の高いうなぎを精力増強として食べるようになるのであるが、特に丑（うし）→頭字のう、うなぎ→頭字のう、のゴロが合うことから、夏土用の丑の日にうなぎを食べるようになったとされる。

皇居で捕ったうなぎもさることながら、かつては海が皇居近くまで（江戸中心近くまで）来ていた。それを埋め立てて海は現在の位置まで遠のいてしまった。築地などの名称は当時埋め立てした新地名である。

古く皇居前近くの海で捕れた新鮮な魚はすぐに食卓にあがり、おいしく江戸庶民に喜ばれた。「江戸前寿司」などは江戸前の海で捕れた魚を使ったのでそう呼ばれた。江戸前というのは「皇居前」の意味なのである。現在は江戸前寿司といってもオーストラリアの海で捕れた氷づけのマグロなど遠海のものを使用せざるを得なくなっているようである。

八月

(1) お釜の口あけと盆

八月一日を清里地域では「地獄釜の口あけ」とか単に「お釜の口あけ」とも呼んでいる。「お釜」に「お」とつくと古代万葉の頃からこれは魂を伴っているとの意味に当たり、ごくていねいな仏に対する感情が表現されているのである。

群馬では古く人が他界すると、その家族か近所の者がその家の屋根に登って、空に向かって大声で死者の名前を呼ぶ。

　すると死者が生き返るのだと信じてきた。これを「呼び戻し」という。これは死者に対する現世の人々のあたたかさであろう。

　ともあれ亡者は仏の世界で裁判を受けなければならない。亡者を大釜の中に押し込んでおき、鬼たちは釜ぶたをなかなか開けたがらない。この時、釜ぶたにまんじゅうや焼き餅を投げつけると釜ぶたはゆがんで少し開く。ここで鬼は釜ぶたを開けて仏たちを各家に盆帰りさせるのだと。そこでこの八月一日を「地獄釜の口あけ」とされるのである。この釜の口あけの日に群馬では地獄まんじゅうとか釜ぶたまんじゅう・釜ぶた焼き餅などといってまんじゅうや焼き餅を作るのである。

　八月一日の釜の口あけの日から盆が終わるまで、群馬では次のような習俗がある。

①この期間中、昆虫や動物（生き物）を殺してはいけないとされている。（仏が来るので殺生なことは許されない）
②八月一日に道刈りといって共同で地域の道草を刈る。これは盆にお客に来る仏様が道に迷わないためのものなのである。（また墓掃除をこの日から行う家もある）
③釜の口あけの日から川で泳いではいけないとされた。（カッパに殺されるから）これは旅の途中の仏たちがのどが渇き川水を飲む時水が汚れてはいけないという心づかいからなのだ。
④八月一日から盆の間の死者の頭には「すりばち→しらじ」をかぶせて葬る。これは、その死者が仏の世界に行く途中盆に客として来る仏たちに出会う。そこで仏たちに「どうして恐ろしい仏の世界に行くのだ」と持っていた杖で頭を打たれる。これを防ぐためだという。

八月一日（お盆の口あけ）　八月七日（半道中）　八月十四日（盆入り）

⑤八月七日を「半道中」といい、盆に至るまでのちょうど半分道中を来たことになる。そこで自分の家に近づいて来る仏たちが夜道に迷ってはと考え、八月七日（七夕の日）から毎晩自分の家の門口で麦わらを燃やすのである。燃える灯りが仏様の道案内になるのだと。これを「七晩焼」という。

⑥新盆の家では庭先に「高ん灯籠」をたてる。長い竹さおの先に提灯をつけ夕方になると中にローソクを灯し、その灯りで新しい仏様が道に迷わず自分の家に来られるからなのである。

⑦盆が終わり送り盆になるとナスで馬を作り自分の家の門口や近くの辻にそれを置く。仏がその馬に乗ってまた仏の世界に帰るのだと。この送り盆の晩から門口で麦わらを毎晩七日間燃やす。これも七晩焼で、この灯りで仏が道に迷わず仏の世界に帰れるのだという。

以上、釜の口あけとそれに伴う群馬の習俗をかいつまんであげてみた。古人は他界された死者に対して深い深い思いやりの心を持ち続けて来たのである。「釜の口あけ」の行事を通して思いやりの心と今にない祖先の精神文化の高さを教えられる。

(2) 盆踊り

盆踊りの起こりは、古く神迎え、神送りの行事から発せられたという。しかし、仏教が入って来るとこれに変化が加わって来る。地域に作物や住民に疫病が流行《はや》るとそれはその年亡くなった少年の霊が未熟なために神の国にも仏の世界にも行けず村はずれでさまよっており、その霊は自分の地域に帰りたいと呪っている。その呪いが地域に病害虫を引き起こすのだと古人は考え、盆にその霊を地域に迎え入れようと、地域の人々は霊に人間であるということを気付かれないように顔にすすを塗りほうかぶりをし笠をかぶり古いみすぼらしい着物を着、手っ甲を付け、念仏鉦を叩きながら村はずれまで集団で行き、仏の霊を迎えた。途中広場や道の十字路に来ると歩みを止め鉦に合わせて念仏を唱える。念仏も高潮してくるとただ唱えるだけでなく踊躍するようになったという。この盆迎えの集団は寺に行き、寺の境内でも念仏、そしてこの霊の死者が生まれた家の庭で暗い提灯の灯りの下で念仏を唱え踊躍した。これが盆踊りの始まりとされる。

死者の霊を村はずれに行って迎える時、

・念仏を唱えながら鉦を叩く

・参加の地域の方々は亡者の霊に人間に見られないように扮装する。

この古い盆迎えの形が現在の盆踊りに踏襲されている。盆踊りの人々が同じゆかたを着たり同じ色のはちまきをするなどは、古い時代の人々が盆に仏の霊を迎える時、人間であることを霊に見破られないように扮装した、それを踏襲しているのである。

清里地区にも古い盆踊りうた「石投げ踊り」が伝承されている。地域の人々はこの「石投げ踊り」のことを「念仏踊り」と呼んでいる。古くは女が男装し男が女装して踊ったという。今はゆかた姿。古い踊りは踊り手は腰をひくめ手拍子もひざの前で指先を地下に向け打っている。地下に向けての手拍子は盆に地下に眠っている霊を手拍子の音で目覚めさせ、加護してもらう意味なのである。盆踊りひとつ見ても清里地域の人が信仰に生き抜いて来たことが知れて来る。

九月

(1) 八朔の節供（九月一日）

しょうがの節供ともいう。嫁が婿と一緒にしょうがとタラの干物を持って嫁の実家に行く。帰りには箕（み）を嫁の実家からみやげとして持たせてくれる。しょうがを持って行くのは「しょうがない嫁」の意味だが、嫁が良く働いたので良いしょうがが出来たの意。しょうがが良く出来ないとその家は運が悪いという。箕（み）はしょうがない嫁だが「みて」ほしいの意味なのだと。

(2) 風切りがま

九月一日から二日に、庭先に高い竹を立て竹の先にはカマをゆわいつけて、台風の来る方向に向けて立てる。風を起こすカマイタチを切る意味で二百十日の台風除けの意味なのである。

(3) 菊の節供（九月九日五節供の最後）

どうして菊の節句というのかというと秋の収穫に向かって行くのに菊の花を食べたのだと。菊の花の中には鉄分が非常に多く含まれていて強壮増血の役目ともなるのである。かつては現在のように栄養計算など考えられていなかった。栄養価の高い食べ物は食べられなかった。こうした菊などの身近なものの中から健康を保つために、生活の知恵としての食生活を古人はしてきたのである。

(4) 十五夜

縁側にちゃぶだいを出し、すすきを一五本か五本をあげ、まんじゅうを一五個進ぜ、さらに果物などをあげる。夜になると近所の子供が手に手に篠の先端にくぎを一本打ち込んで「まんじゅうつり道具」を持って集まり、ひそかにまんじゅうを釣って行く。子供にまんじゅうを取って行ってもらうと、その家では蚕が豊作になるのだという。かつての協同体の中で子供は欠かせない存在だったのである。

十五夜にススキを奉納するのは十五夜行事のみではない。古くは四月に「天道花」といって枯れたススキの穂を竹ざおの先に付けて庭先に立てる。それは天地宇宙と人間の心を交わす行事なのである。

①天道様にススキの穂をささげる。
②それが天と人間の心を交わす。
③それは日本人の天に対する祈りなのだ。
十五夜のススキもここから来ているのである。

十月

(1) おくんち

十月のおくんちは三回ある。三くんちという。

十月九日を初くんち
十九日を中くんち
二十九日を後くんち
いずれも三くんちには特別料理として赤飯をたき神社に進ぜる。この赤飯を神社に多く進ぜると、翌年蚕があたるといわれる。かつて養蚕が盛んであった頃は神社の拝殿の所が赤飯でいっぱいだった。

(2) 神送り

十月一日は地域中の神様がすべて出雲に集まるので神様は留守になる。しかし、出雲に行かず留守を守っている神様が居られる。そのことを「留守んぎょ」といい留守に居残る神様は稲荷様と恵比須様、大黒様であり、お釜の留守んぎょともいわれる。十一月一日には神迎えといって出雲からすべての神様がお帰りになるので、十一月一日は「神迎え」という。

(3) 秋祭り

春祭りは神社で神に一年の豊作と健康でありますようお祈りし、秋祭りには神様のご利益で五穀豊穣と村中が疫病もなく健康であったことの感謝をお祈りするのが秋祭りである。村中で春には春祭り夏には夏祭り（流行性の疫病にならないように）、秋にも祭りを通して神社（神）におすがりして生き抜いて来たのである。

十一月

(1) 穴つぶさげ

田の土手（くろ）の所にモグラが堀って穴があいている。その穴を利用して野ねずみが生息する。野ねずみは穴から出てきて生えたばかりの麦の芽を（甘みが多いので）食べてしまう。そこで野ねずみが出ないように、モグラのあけた穴を足で踏みつぶして、ふさいでおくのである。これを穴ぷさげと呼んでいる。

(2) 秋あげ

秋あげのことを「刈り上げ」ともいう。豊かに実った稲を刈り、平干にする家もあるが、かつてはほとんどハンデに掛けて干した。一枚一枚の田の稲を刈ってハンデ干しにするのはたいへんな作業。田に高さ一米五十センチほどのクイを等間隔に数本打ち込み、それに太い竹ざおをゆわえつけて、それに束ねた稲を掛けて干すので過酷な作業である。こうして自分の家の稲刈りがすべて済むと刈り上げ祝いをするのである。さらに干し上げた稲を自分の家に雨に打たれないように引き上げ終わって「秋あげ」祝いをする家もある。特別料理としてこれらの祝いの時は赤飯かぼた餅を作る。

(3) 十日夜

子供の行事である。十日夜の夕方になると、地域の子供がわら鉄砲を持って集まる。わら鉄砲は新わらで作る。直径八センチほどのわら束の芯に、みょうがや里いもの茎を入れ、外側に縄を細かく巻き、これをわら鉄砲、わらっとと呼ぶ地域もある。子供たちは地域の各戸の庭先を大声で十日夜うたを歌いながらわら鉄砲で地面を打って歩く。

十日夜うた

十日夜　十日夜　朝そばきりに　昼だんご
よう餅食って　ぶっぱたたけ　十日夜　十日夜

十日夜のわら鉄砲の音が麦に害をするモグラが逃げ麦が豊作になるのだという。おとなは野良に出て直接的な生産者、子供は十日夜行事を通して間接的な生産者であったのだ。かつての協同体はおとなも子供もそれぞれ果たすべき領域を持った協同体を担ってきたのである。

池端町の十日夜（昭和56年写す）

十二月

(1) カビタリ餅（川びたり）

川の災難に遭わないために餅をついて水神に供える。一年間水の犠牲に遭わずに済みましたことを水神様（川の神）に感謝するための餅を作って川や池に奉納するのである。

(2) 屋敷稲荷

屋敷稲荷は十二月二十三日に行う。他の月に行う家もある。各家で新わらでオカリヤを屋敷内に作る。赤飯といわし（頭つき）と豆腐、あぶらあげを進ぜる。進ぜたら後を振り向かないで家に逃げ帰る。進ぜた物を近所の子供が下げに来る。下げてもらわないとその家は縁起が悪いし、作物も豊作にならないのだと。

(3) つじゆうだんご

十二月三十日に行うのである。米を挽いてだんごを作る。丸くなく片手で握った平たい形のものである。つじゆうだんごの材料は田んぼの落ち穂をまわたをまるめてそれを手に持ち、それで叩いてそ

つじゆうだんご

れを集め石臼で挽いて作る。篠の串に二つづつ刺し焼いて食べた。昔の人は食べ物を無駄にしなかった。玄関につじゆうだんごを差しておく。邪鬼がこんな大きな目玉の者がこの家にいると思い邪鬼が逃げ帰る。玄関に飾るつじゆうだんごは魔除けである。

(4) 大晦日

大晦日といえば年越しそばである。そばを年末に食べると寿命がそばのように長く延びる。財産が伸びるといわれる。そこで年越しそばを食べるようになった。

年越しそばの始まりは江戸時代。

上州そばと年越しそば

お隣の長野県の信州そばはあまりにも有名。しかし、群馬のそばにはまた深い民俗と趣がある。群馬のそばの栽培は年二回。夏そばと秋そばである。夏そばの収穫は田植えの直前にし、秋そばの収穫は晩秋の大霜の直後にする。群馬では、昔から「妊婦と孕み馬には、夏そばはくれるな」といわれた。栄養価が高いので流産に結びつくとか、夏そばはあまりにもおいしいので嫁や馬にくれるな、など諸説がある。

いずれにせよ上州人はそば好きだったのだ。そば粉が無くなると十センチほどに伸びたそばを間引きしてきて、シラジで摺り、布でこし、その青い汁をうどん粉で練り、そば切りうどんにする。これを「青目そば」といい天下一品の風味がある。現在、観光地などで販売されている青色のそばは、この原理を応用して作られたもの。高速粉砕機でそばの茎や葉を粉砕し粉をつくり、メリケン粉にまぜて作ったものである。これが「青そば」と呼ばれるものなのだ。

前橋市上青梨子町の笹沢周作さん（大正四年生まれ）の家では、今もそばの栽培に専念している。

収穫がすむと石臼でそば粉をつくる。笹沢さんは言う。

「石臼で挽いたそばの味は格別で、私が子供のころは腹がへると、そば粉に熱湯をそそいで、そばがきをつくって食べたものです。あの味が今も忘れられないもんでね」と、石臼を奥さんと挽く。

石臼で挽いたときに出るそばがらは枕に入れたり、ネズミ捕りに使った。桶に水を深々と張り、水面にそばがらを三センチほどの厚さにふっておくと、ネズミはそばが大好物なので、その中に飛び込み、水に沈没してご用となる。古人の生活の知恵には驚嘆する。

大晦日には各家庭で年越しそばを食べることであろう。前述のように年越しそばを食べると、寿命がそばのように伸びるとか、財産が伸びるなどのいわれから、年越しそばを食べるのだともいわれるが、しかし、そのこともさることながら、年越しそばには貴重な民俗があるのだ。

江戸時代、金銀の細工職人達が年末に、自分の仕事場の清掃をする。細工場には一年間たまった金・銀粉が多く飛び散っており、それが畳の目や床板の間に入りこんでいる。細工職人はそれを集めるのにそば粉でダンゴを作り、そのダンゴで床板の間などをペタペタとたたき、ダンゴに金銀粉をくっつける。

そのダンゴはホーロクで焼いて灰にする。するとホーロクの上には、金と銀だけ残るのだ。細工職人はその金銀を加工して収入としたのである。「大みそかにそばで金を集める」このことが民間に広まり、その縁起にあやかろうと一般に年越しそばを食べるようになったのである。

ともあれ、祖先が大みそかに家族全員で同じものを食べ（共食信仰に基づいて）新しい年を迎えてきたように、世知辛い現実であるが、年末には年越しそばでもいただいて明るい年を迎えたいものである。

年中行事のまとめ

私たちの祖先は生活行事を大事にしてきた。その行事のひとつひとつが信仰に結びついていた。そしてそれにちなんだ特別料理を、①もち、②赤飯、③まんじゅう、④おだんご、⑤ぼたもち、これを神仏に進ぜ神仏の前で共食した。

行事と信仰が結びついていたから（神や仏のように）賢く生きようとしてきた。

現実の私たちの生活を振り返ってみると、①正月にも松飾りも供え餅もしない家が多くなった、②七夕飾りもしなくなった、③盆棚も飾らないしおはぎも作らない。

それどころか朝晩の仏壇への供え物や花もお茶や水も上げなくなった傾向がある。

人間が知性的になってしまい神も仏も無視。さらに行事等非文化なことと軽蔑して来ている傾向がある。人間が信仰から離れた証である。

生活行事の中に私たち日本人だけに伝わってきた伝統文化があったのだ。

そしてそこに親ゆずりの信仰があった。また親ゆずりの人間のやさしい気持ちと思いやりを持った素晴らしい人間が育ってきたのだ。

現実はそうでなくなってきてしまった。

民俗芸能編

民俗芸能無形文化財考

民俗芸能重要無形文化財の指定について

前橋市清野町の野良犬獅子舞と前橋市元総社町総社神社神楽は、かつて筆者（元県文化財総合調査委員）が調査し価値ある民俗芸能であると認められるので、調査結果を前橋市文化財調査委員会に提出。委員会では価値を認め、前橋市民俗芸能重要無形文化財の指定となった。昭和四十八年のことである。前橋市では、それまでに昭和三十九年十二月と昭和四十五年二月の二回に渡って、文化財の指定をしてきたが、無形文化財の指定は一件も無かった。民俗芸能は人間が支え伝承しているもので、「生きものと同じ」であり、伝承者の変容と共にその民俗芸能も生命をと絶えてしまう運命にある。

前述した二件の民俗芸能重要無形文化財の他に、筆者が調査し前橋市文化財調査委員会に報告した結果、前橋市民俗芸能重要無形文化財として指定を受けたものは、前橋市下大屋町産泰神社太々神楽、前橋市上佐島町春日神社太々神楽、前橋市泉沢町獅子舞、前橋市泉沢町盆踊り唄稲荷藤節、前橋市西片貝町片貝神社太々神楽などである。（金石文等の指定もあるが、それはここでは省く）

民俗芸能の調査は綿密な調査が大切である。一般的にはその民俗芸能の歴史性等が重要視されたりもしている。その歴史性であるが、その民俗芸能の伝承者により「言い伝え」なのか、いずれにせよその歴史性の「出典」を明らかにする事が大切である。更に他地域への奉納・出演等の回数が多いなどなどの理由も上げられようが、その民俗芸能（獅子舞・神楽・祭囃子・風流等）の演奏及びそれに伴う舞等が確実であるか。形がしっかりしているか。反閇《へんばい》・すり足の運び方が正しく行われているか、帯付物を使用の時の舞の表現が無理なく表現されているか。更に各座の持つ付帯目的を正確に表現しているか。祭囃子では鉦《かね》を「摺り鉦表現」か「叩《たた》き鉦表現」か、演奏中どの様な「掛け声」を発しているか、などなど上げたらきりが無いが、何より大切なことは、その民俗芸能が信仰を伴った雰囲気の中で行われているかである。更にその民俗芸能の付帯目的が確実であるかだ。要は、その民俗芸能が「本物」であるかを調査にあたって探求する事が何より大切と思われる。文化財保護法の指定についての規定もあるが、地方にはその地方独特の価値を持った民俗芸能が散在している。筆者が調査し市文化財調査委員会に答申した前述の一、二の民俗芸能について述べてみる。

　前橋市下大屋町産泰神社太々神楽はすべて充実した内容で伝承しているが、特断認められるのは、余興舞（裏座）の中に中世の芸能である三番叟の烏《からす》す飛び（ここでは蛙飛びと呼んでいる）を取り入れて行っているのである。神楽には式舞（表座）と前述の余興舞（裏座）とあるが、式舞では日本神話に基ずいた（天岩戸開）など格式高い内容のものを演じ、余興舞ではその地域住民の願望を織り込んで演じている。それ故裏座の中にその地域の特徴を見る事が出来るのだが、中にはごく砕けた内容のものを演じている所も見受けられる。ともあれ、産泰神社太々神楽の裏座に「中世芸能の三番叟」

産泰神社の太々神楽

を取り入れて行っている事は評価に値いするのである。

次に前橋市上佐鳥町春日神社太々神楽はすべて充実した内容で伝承しているが、裏座の中に「蚕の舞」を奉納しているのである。かつて養蚕県群馬では、養蚕の生業は農家の経済を大きく左右して来た。神楽を通して神に「今年の蚕があたり（豊作）ます様に」と祈願しているのである。

祭りの当日、春日神社の境内に養蚕に必要な蚕箔や桑摘みざるなど販売の出店が出て、これらの養蚕用具を買い求めると「蚕があたる（豊作）になる」といわれ、農家では進んで買い求めた。前橋市上佐鳥地域の人々が神楽に蚕の舞を編み出し真剣に心を寄せて生きて来たのである。いずれにせよ、地方ならではの民俗芸能と地域住民の一体化ということが大切である。

民俗芸能の伝承が大変な時代

かつて、太平洋戦争以前の民俗芸能の伝承の仕方を見てみると、少年や若者が中心で祭の当日その芸能を演じたのである。その原点は、「祭りという神事に少年や若者（青年）が芸能を通して携るには、神の霊魂が少年や若者自身に宿るのだ」と考えられ、そのため未熟な青少年を芸能の練習を通して、厳しく鍛錬したのである。本人はさることながら、その激しい訓練や身体の酷使を親は歯を食いしばって見守って来たのである。こ

春日神社神楽の蚕の舞

れが少年戒とか青年戒、即ち民俗芸能における通過儀礼なのだ。伝統芸能を通して、少年期から地域での人間づくりがなされてきたのである。

ここで、高崎市上中居町のかつての民俗芸能（獅子舞）の伝承の事例をあげてみる。この地区に生まれた長男は、小学校入学前から獅子組に入会、古老が師匠となって、獅子組の家が宿となって練習した。祭りの前に毎晩続けられた。古老と笛方は座敷の上座にいて、指導を受ける子供は台所に敷いたむしろの上に正座し、古老から厳しく指導を受けた。それは夜が更ける頃まで続けられた。練習があまりにも厳しく、便所に行っても足が痛くてしゃがめない程であった。いかに厳しい訓練であったかが窺える。厳しい練習を経ていよいよ諏訪神社の秋祭りの当日には、小学生は学校を全員が休み、午前中小学生だけで獅子舞を通して各戸を回った。午後は大人たちによって獅子舞が行われた。この地区の古老は「かつて獅子舞をやり抜いた子供は今、ちゃんとした大人になって生活していますよ」と語ってくれた。

その他、地域によっては潔斉といって、民俗芸能を行う者は祭の本日《ほんび》の七日前から家族と離れ、神社の社務所に寝泊りして自炊の生活となる。それは神に仕えるので、俗界から離れ汚れのない神聖な身となって民俗芸能に携わったのである。かつての民俗芸能の担いてたちが高い精神性を持って民俗芸能を伝承してきたかが窺える。

かつての民俗芸能の担い手たちは、以上の様な過程を経て芸能を伝承してきたのである。しかし、現実は社会情勢も一変して、芸能の伝承はある面非常に困難な状況にあるといえよう。そこで、重要無形文化財の指定を受けているいないは別として、現存している民俗芸能とその担い手は「おらが民俗芸能は祖先が代々伝承して来た貴重な伝統文化である」事を忘れてはならない。更に民俗芸能を担っている方々は、「自分の地域の民俗芸能に誇りを持つ」、そして「事ある度に地域の人々に、解りやすくおらが民俗芸能についてひたすら説明する努力が必要」である。今一つ大切なことは「数年前から学校教育に邦楽教育が義務化され実施されている。そして太鼓・三味線・琴などの演奏も大切と思われるが、合わせて地域に長い年月伝承されてきた民俗芸能（神楽や獅子舞、祭囃子）などが地域の祭で行なわれる時や芸能祭での発表時には学校に呼びかけ、鑑賞参加を促し、参加の子供たちに解る様に説明する事が大切」である。これが地域の民俗芸能伝承の基そとなり邦楽教育となるのだ。更に学校ではこうした催しに前向きであるべきである。

野良犬獅子舞との出合い

前橋市清野町の野良犬の獅子舞について、お話を聞いたのは昭和四十五年の夏だった。この地域の民俗について調査しているとき、「獅子舞があるんだが、今は祭りにも出せず中止になっているんだ」と聞く。その後、獅子舞の関係者である小暮梅司さん、間仁田善一さんにお逢して実情を聞くと「若い者《もん》が獅子組に入《へえ》って来《き》ねえし、現在中止状態なんだ」と、困り果てた表情で語ってくれた。話を聞かせて頂いた私は、この問題について思案のあげく、先ず野良犬獅子舞の道具一斉を地域の清里公民館に持って来て見せて頂く事にした。後日、大きな長持ちに入った獅子道具を調査すると、あまりにもすばらしい獅子歌や付帯道具に驚いた。この時、関係者である小暮梅司さんは「長《なげ》え間伝承して来た獅子舞《めえ》を、おらが代《でえ》で終らせなけりゃあならねえのは、先祖に対して申訳なくってさあ、若衆《わけえし》が入《へえ》ってやってくれれば、出来るんだがのお」と困り果てた表情で話してくれた。責任を強く感じているのだなあと思った。その後、清里公民館を通して清里地区の青年たちに呼びかけ、野良犬獅子舞の実情を聞いてもらった。

ここで、かつての獅子組のあり方について少々触れてみる。それは今にない非常に堅固な組織からなっていた。小学校卒業すると獅子舞の在る地域に生れた長男は、獅子組に入る決りになってた。小学校が終って入った者は少年組。その上に若者組（青年組）・壮年組・古老組となっていた。少年組の若者は獅子舞のけい古場の清掃やお茶入れと共に礼節を厳しく仕込まれる。青年組の者は獅子の舞方、楽器の奏し方、衣装、獅子頭の付け方等を厳しく指導を受け、獅子舞が完全に舞えるまで仕込まれる。壮年組は青年組の者に獅子舞一斉の指導をする。そしてその結果を古老組に評価を仰ぐ役。古老組は祭一斉の統括と獅子舞の運営にあたった。こうした組織の中で、かつての獅子舞は成り立って来たのである。

太平洋戦争で獅子舞を担って来た若者が出征したり、また帰らなかったりで獅子舞の現状は混乱を来しており、更に小中学校が義務教育となり、クラブ活動や進学塾等で子供たちも時間的に忙しく、かつての社会状勢とは一変してしまった。勿論、青年たちの考え方も変り「畜生の皮で張った太鼓など叩けるか、それよりか恋人と街へ行ってコーヒーでも飲む方が楽しい…。」県内の調査の折り聞いたことばである。

青年期は生涯の中で、最大なエネルギッシュな時である。ふるさとに長い年月伝承されて来た民俗芸能を担ってきたのは、この期の青年たちであったのだ。青年組の者が獅子舞を終えて、獅子頭を抜ぐと顔には油汗、それだけでなく全身汗が流れているのである。民俗芸能を支えるのは過酷なことであるが、青年ならではのことなのである。

ここで話を元にもどすが、野良犬獅子舞の件で公民館に集った清里の青年たちは、野良犬獅子舞の現況を聞いて、獅子舞を実施する事を快く引き受けてくれた。

ここで従来とは違う新しい民俗芸能の担い手の方向性が生れたのである。野良犬獅子舞は清野町に在り、本来なら清野町の青年が伝承して来たのであるが、今回は清里全地区の青年によって行われる事になったのである。民俗芸能の新しい在り方の一方向性といえよう。昭和四十六年秋から清里公民館で、夜間青年たちによって、野良犬獅子舞の練習は始められた。指導は獅子組の古老である小暮梅司さん間仁田善一さんたちであった。練習に参加の青年たちは実に熱心でより上達して行った。指導者たちを驚かせたのは、青年たちの「飲み込みが早い」という評価だった。それは、青年たちが義務教育の中で太鼓・笛・身体表現（フォークダンス）等でその基礎を身に付けているからとも考えられる。現代の若者は他にないすばらしい潜在能力を持ち合わせている事を忘れてはならない。

この年、文部省ですぐれた青年活動の所に補助金を与える制度があり、清里青年の活動状況を申請したところ認下された（但し一年限り）。補助金は四万円だったと思う。引き続き昭和四十七年も青年たちは熱心に獅子舞の練習を続けた。上達も目ざましいものがあった。無理と思ったが、二年目も文部省に補助金申請をしてみると、文部省では特別認下をしてくれた。確かな青年活動を認めてくれたのである。青年たちの練習の成果はめざましく祭に堂々演ずるに至った。指導者たちの評価も「昔の若者組以上にすばらしい、野良犬獅子舞《めえ》は、非常に荒い舞が特徴なんだが、今の若衆《わけえし》の方が、舞《めえ》に勢いがあってすげえもんだよ」の声を聞くことが出来た。

そこで野良犬獅子舞の調査結果と現代までの方向性について前橋市文化財調査委員会に報告。委員会でもそれを認め、前橋市重要無形文化財として指定を受けることが出来た。野良犬獅子舞は現在も伊藤祝司会長を筆頭に獅子組の方々により脈々と継承されている。

野良犬獅子舞

前橋市指定重要無形文化財野良犬獅子舞

一、所在地　前橋市清野町

一、所有者　前橋市清野町三一一の三

野良犬獅子舞保存会代表　伊藤祝司氏

一、由来と特徴

この獅子舞は「関白竜天流」といわれ、吉岡村南下の下八幡宮に伝承されたものが慶長年間に現在の清野町に移入されたとされる。

清野町では毎年町の八幡神社の秋祭り、九月十九日にこの獅子舞が奉納される。これを舞う者は八幡神社の氏子によって行なわれてきた。このように氏子によって伝承されているものは、ごく格式のある獅子舞で一般の村人の参加は出来なかった。現在は町民によって伝承されているが、こうした面からみても、野良犬獅子舞の価値観はすこぶる高いと評価できる。

この獅子舞は三頭だちで前獅子、中獅子、後獅子と呼ぶ。

舞は十一種あり、宿と呼ぶ練習会場の家から八幡神社まで、その舞が間断なく続けられていく。舞もごく乱くそしてまた何んともいえぬ優雅さがある。県内多くの獅子舞があるが、この野良犬の獅子舞はきわだったすばらしさがある。

一、獅子舞の構成人員

①流元師匠（古老頭）	一名
②笛頭	一名
③笛方	十名
④棒使い	二名
⑤天狗（修験者）	一名
⑥先獅子	一名
⑦中獅子	一名
⑧後獅子	一名
⑨万灯持ち	二名
⑩氏子中数	十名

二、獅子舞附帯物

①獅子頭	三
②カンカチ（鉄製小棒）	二本
③棒使い（木製棒）	二本
④天狗面	一
⑤天狗下駄	一足（一本歯）
⑥腰太鼓	三

以上であるが、この獅子舞は昭和四十八年に保存会が結成され、小暮梅司氏を会長とし約百五十名の会員を持ち現在、保存と普及活動に町民総力を尽しているのが、この獅子の価値と同様すばらしさがある。

なお、野良犬獅子舞をはじめこの清里の地域は、古くから芸能が非常に盛んであった事が推察できる。次に上青梨子町に八木節以前から行われてきた古い盆踊りだが現在も伝承されているし、青梨子町前原の熊野神社西には江戸時代からの回り舞台があったが、太平洋戦争直後に解体してしまったといわれている。更に青梨子町天満宮の隣接に農村舞台があり、それも昭和の中程、地域の公民館に建てかえとなった。いずれにせよこの清里地区は古くから芸能が非常に盛んであった事が窺える。

青梨子町前原の回り舞台跡

青梨子町の農村舞台
(昭和43年12月写す)

獅子舞について理解を

前述にもした通り数年前、小中学校で邦楽教育が義務化され地域伝承の民俗芸能（獅子舞・神楽・祭囃子等々）注視されつつある。そこで獅子舞についてお話をしてみたい。獅子舞は平安朝時代に大陸から日本に伝来のものとされるのが定説。更に獅子舞を知る上で大切なのは、平安時代の「栄花物語」に男子が鼓を腰に着けて打ち、ササラを鳴し笛を吹いて舞ったとある。現在の群馬の獅子舞と同じ様式である。獅子舞では神の依《よ》ぎ代（神が宿ってる）獅子頭を被って舞う。舞う者は神に成り切って舞うのだ。

獅子舞には多くの採《と》り物（持つ物）がある。扇・カンカチ・棒・ホラ貝・榊・ササラ等々。扇やカンカチは獅子舞の先頭に立って行う事が多い、主に少年がその役に着く少年は鼻筋の化粧を施す。それは神の新しい力を得て参加するという意味なのだ。扇には古くから神が宿るとされそれを持つ者は神の力を更に得るとされる。カンカチは細く短い二本の鉄棒を打ち鳴らす。カンカチの音は他の如何なる音にも吸収される事なく突き通す金属音で、神を呼び悪霊を退散させるとされる。棒使いの棒は山の峯に繋る木でその木には天からの神の招《お》き代（神を招く）木とされ、招いた神を地上に迎え悪霊を払い清めるとされる。ホラ貝は鋭い音を放ち悪霊を退散させ、神を導く役目とされ、榊は天照大神の岩戸開きに天鈿女命《あめのうずめのみこと》がまさきのかずらを頭に巻いて舞った事からの由来で、その後一転して榊や笹に転化したとされ、榊は神の宿る木として使用される。ササラは竹を摺り合わせて放つ異様な音で鎮魂の呪術とされる。採《と》り物は他に多くあるが、付帯物として獅子舞に必須の物に万灯がある。万灯は天の神を万灯に招いて助力を得、加護してもらうとされる。次に獅子舞の座について。県内の獅子舞には十数座ある。座のことを切りと呼ぶ所もある。先ず獅子の舞う場を清める座として「振り込み」や「ご幣《へい》掛り」などを行う。鎮魂と悪魔折《せっ》伏《ぷく》の座では「剣の舞」や「弓の舞」など格式高い舞を行う。神を慰める座としては「余興舞」などを行う。次に獅子舞の付帯楽器では、腰太鼓は獅子を舞う者が胸下に付けて打つ、これを羯鼓《かっこ》といい獅子舞を羯鼓獅子とも呼ぶ所がある。腰太鼓の音は神の力を得、更に鎮魂の方式とされ足で行う反閇《へんばい》の役目と同じとされる。

　笛は篠竹製で竹は古くから神の依ぎ代とされ、笛から奏でる音は神を呼び神の御心を慰さめるとされる。更に笛は獅子舞を導く重要な位置にある。あげ笛といって一つの座が終り次の座に移る時、オクターブ高く音を吹き上げると、そこで次の座に入るのである。楽器とは異るが獅子舞うたも歌われる。獅子舞うたは神楽うたの流れを汲むもので、非常に格式高い内容のうたである。次に獅子舞の足拍子では、すり足と反閇がある。神の御前で歩むのは、土踏まずを神に見せる事は許されずすり足となる。反閇は足で地面を強く踏み付け、その音で地下に眠る神を目覚めさせ加護してもらう意と、鎮魂の役割があるのだ。群馬の獅子舞は三頭立ちが多く雄獅子二、雌獅子一である。歴史的には雄獅子二頭立ちが古く、次に三頭立ち、雄一頭立ちはごく新しいとされる。

　かつての上州人は獅子舞と切り離して生活は考えられなかった。旱魃《カンバツ》になると赤城や榛名山からお水とりといって神聖な水を頂いてきて、地域の川か池にその水を注ぎ入れ獅子がその川や池に飛び込んで乱舞する。すると川の水神は怒り雨を降らせるのだとこれを雨乞獅子といい、更に地域に疫病が流行すると、神社から獅子を振り出し地域全体を舞い歩き、最後に他地域との境で舞い上げ疫病を地域外へ祓い出した。これをお祓い獅子といった。医療も文化も貧しい時代に祖先は、獅子舞におすがりして生きてきたのだ。現代の子供達に貴重な地域の民俗芸能を解り易く伝えてやりたいものである。

前橋市指定重要無形文化財総社神社太々神楽

一、所在地　前橋市元総社町二三七七
一、所有者　前橋市元総社町字屋敷二三七七
　　総杜神社太々神楽保存会代表　都木正雄氏
一、由来
元総社町字屋敷の赤石祐三郎氏の祖先が平安中期から伝承したと伝えられる。由来の年代はわからないが、これについての古文書等は、かってこの神楽を伝えた渋川市石原（庚申様）へもって行き、そのままになってしまったという。

この神楽は字屋敷の赤石久米宅を中心に行ない、赤石を名乗る赤石一家だけで支えてきたが、戦後赤石一家だけでは守りきれず、元総社町全体から有志青年によって現在は行なわれている。この神楽は総社神社の祭典にちなんで行なわれ、例年一月十五日、三月十五日と二回奉納する。
一、楽器
笛　　一
大胴　一
締太鼓　一
二、座数
古くは三十八座舞ったというから、格式あるすばらしい神楽であったものである。元文元年頃書いたという古文書をみると、「湯立て」や「巫女舞」なども座数にあり、赤城神社神楽や榛名神社神楽に次ぐすばらしい神楽であったことがうかがえる。現在は十六座だけ伝承している。

①奉幣の舞
②翁の舞
③伊弉諾命
伊弉丹命
④猿田彦命
⑤天の岩戸
・巫女の命
・大助玉命
・三法の舞
・大神三法と以て舞
⑥柄拘水上の舞
⑦片鉾の舞
⑧一本刀の舞
田造の舞
⑨角子の舞
⑩八幡太郎の舞
⑪扇子の舞
⑫受持の命
⑬稲荷、種子蒔舞
⑭両刀の舞
⑮金山彦の命
⑯大蛇退治

・稲田姫、榊を持って舞
・宝鉾渡しの舞
・大蛇の舞
・神刀を以って大蛇退治舞
・稲田姫と宝鉾取替大蛇追入舞
・稲田姫宝鉾を以って舞

以上であるが、総社神社神楽は前橋市上新田町の雷田神社、渋川市石原町の庚申様、前橋市東片貝町片貝神社へ伝承している。また奉納舞は近郷近在の町村をはじめ、市内では青梨町淡島神社、東の八幡神社等に春、秋の祭典にちなんで奉納舞を行ない、この地方の神楽の中でも総締的位置をもつ、すばらしい神楽といえよう。

総社神社の神楽

盆踊り唄「石投げ踊り」（前橋市元総社町）

「八木節」流行で衰退

群馬の古い盆踊り唄の中には、隣接の新潟県から移入のものが多い。石投げ踊りの盆踊り唄もその一つ。

この石投げ踊りと呼ばれる盆踊り唄は、その昔「盆どり」と呼ばれていた。踊りの中に石をひろって投げるしぐさのあることから、石投げ踊りと呼ばれるようになった。

石投げ踊りは明治から大正、昭和のはじめにかけて中毛、西毛地区で隆盛をきわめた。しかし、八木節が出現すると、各地の石投げ踊りの盆踊り唄は淘汰され、その姿を消すものも多かった。

しかし、流行の八木節にめげず伝承を続けた地域もあった。前橋市元総社地区もその一つ。盆になるとこの地区では、総社神社の境内に二つの高いヤグラを建て、盆踊りの競演を行った。一つの会場に二つの盆ヤグラを掛けるのは、全国的にも例のないことである。このヤグラはこの地の二つの財閥によって、それぞれヤグラを建てて競演したのだ。

この石投げ踊りの盆踊りには、近郷近在の村から「歌あげ」と称して、昭和のはじめごろまで盆踊りの応援に行き来した。高崎の京目、日高、群馬町の観音寺、金古、稲荷台、引間、吉岡村の大久保、榛東村の笹熊、前橋の高井、植野、青梨子、鳥羽、小相木、上新田、古市、大友、江田、西箱田などの地区がそれであった。ともに石投げ踊りを継承している地域同士のことであった。

この石投げ踊りの盆踊り唄は、古い盆踊りの様式を踏襲している。盆踊りの始まりは神送り行事を起源とするのが普通と考えられるが、古人は深い信仰生活にあって、農作物が病害虫の被害にあったり、村人の多くが疫病で倒れたりするのは、無縁仏（結婚前の若くしての死者か不慮の死を遂げた者）が神の国へも仏の世界にも行けず、村はずれを彷徨し、現世を呪っているために起こるのだと古人は考え、盆になるとそれらの精霊を迎えたり、送ったりするのに、人間であることを精霊に見破られないために扮装し、鉦などの鳴り物に合わせて念仏を唱えながら踊り、霊をなぐさめ、該当の家に迎え入れた。これが盆踊りの始まりとされる。

元総社地区のかつての石投げ踊りについて、この唄の音頭とりである加川酉蔵さん（明治四十二年生まれ）は次のように語る。「昔は男は女に、女は男に扮装して踊ったものだ」と。

これは前述の古い盆踊り様式を踏襲したものなのだ。現在も盆踊りに浴衣を着たり、音頭とりが鉢巻きをするのも古い盆踊りの扮装の名残なのである。

なお、この石投げ踊りの踊り手は踊りの中で手拍子を打つのに、腰をひくめ指先を地下に向けて打つのである。これは地下に眠っている精霊をこの手拍子の音で目ざめさせ、自分を加護してもらうためなのだ。

八木節の出現以前には、この石投げ踊りをはじめ、県下各地に十九種ほどの貴重な古い盆踊り唄が伝承されていた。しかし、八木節の到来でそのほとんどが消滅してしまったのである。まさに「歌は世につれ」の言葉通りである。

前橋市元総社町の石投げ踊り

新保田中の盆どり唄（高崎市新保田中町）

高崎市新保田中町には、かつて音頭とりの名手がいた。横沢善平さん（明治三十九年生まれ）である。善平さんは子供のころから声好しで有名。この地区で古く歌われてきた盆どりの歌について、だれの指導を受けるでもなく、古老たちの音頭を聞いて覚えた後に、この地域での音頭とりの名手となった方である。

この盆どり唄は古い形を持っており、音頭とりは歌うだけでそれを太鼓と笛がはやす。ゆったりとした口説調の曲節で歌われる。詞章を二行歌うと囃子《はやし》となって、その形態で繰り返される。この地区でもこの盆どり唄を二段落としという。かつて盆踊りを一晩中ぶっ続けで行った時代、音頭とりののどを気遣かっての歌の形式（二行歌って伴奏）なのである。

現代の八木節のように速い節奏で、詞章を十行以上も歌って伴奏となる形態のものとは全く違った趣がある。

群馬の盆踊り唄で二段落としと呼ばれるものは、夜通し盆踊りを行ったときのものなのである。

新保田中の盆どりは盆の八月十四、十五、十六日の三日間と、九月のお祭りに「豊年踊り」と称して盆どりを行った。盆どりを行う場所は決まっていて、地区の延命寺の境内であった。かつては高さ十メートルもある三階の盆櫓《やぐら》をたて、音頭とりと囃子手は三階で行い、一階、二階は蚕篭を取り付け、それに杉の葉をさし、さらに提灯《ちょうちん》をめぐらした。

その後、杉の葉は地区の開発と酸性雨により杉が消滅し昭和五十四年、碓氷郡松井田町（現安中市）から杉の葉をトラック五台購入し、盆櫓に取りつけた。しかし、その後は「よしず」を櫓に取りつけるようになり、現代に至っている。

この地区の盆どりの音頭とりは、かつては口に渋うちわをつけて歌った。そして、踊り手はふん装し、火男面《ひょっとこ》などをつけて踊る者もあった。そして、櫓を幾重にも囲んで手踊りで踊った。現在も昔ながらの手踊りを継承しており、腰をひくめて指先を地下に向けて手拍子を打つ。古い盆踊りの形をそのまま伝承している貴重な芸能である。

現在は音頭とりを岩佐義雄さん（昭和元年生まれ）、善平さんの息子さんの横沢求さん（昭和十二年生まれ）他の皆さんによって行われている。

国は武蔵で秩父の郡
真門村にて百姓の喜八
元は由緒ある百姓なるが
親の代から零落いたし（以下略）

（高崎市新保田中町）

歌は世につれといわれるが、盆踊りにも大正期に八木節の荒波が押し寄せ、多くの古い盆踊り唄が淘汰《とうた》された。しかし、そうした荒波をかいくぐって、おらが地域の盆どり唄を伝承している姿に心から拍手を送りたい。

なお、この地方で古く歌われてきた盆踊りうたの口説き節（村づくし）を中尾町の小柴二平さん（明治四十四年生まれ）が伝承してきた。

新保田中町の盆どり

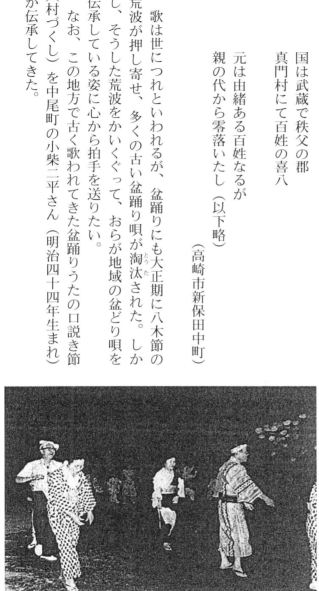

中善地の盆踊り唄（高崎市箕郷町中善地）

国は中国その名も高い
武家の家老に一人のせがれ
白井権八なおのりこそは
犬のけんかが遺恨となりて
同じ家中の本庄氏を
切って立ちのきあづまをさして
（以下略）
（群馬郡箕郷町中善地／現高崎市）

群馬郡箕郷町（現高崎市）中善地は箕輪城跡の西に位置し、六十七戸の集落からなる閑静な地。この中善地での盆踊りの始まりは、地区の堀内子之助さん（明治八年生まれ）の家に、かつて越後瞽女《ごぜ》が泊まり、瞽女口説きや茶わん劇など諸芸能を伝え、そこで村人が覚えたのがこの盆踊り唄とされるが、曲節からみて上州口説きの流れを持つ盆踊り唄であることが分かる。

この盆踊り唄は太鼓と笛で囃《はや》し、音頭取りは単独で歌う。八月十四、十五の両日、地区の寺跡の広場に十五メートルほどの櫓《やぐら》を立て、踊り手は櫓を丸く囲んで踊った。かつては扮装《ふんそう》して手踊りであった。この地区には踊り手の名手がいた。故上原愛太郎さん（明治二十二年生まれ）である。彼は堀内子之助さん宅に泊まり込みで踊りを身につけた。

ここの盆踊りには、六つぶち、九つぶち、手ぬぐい踊り、石投げ踊りなど多くの踊りがあった。この地の女衆は踊り好きで、近所の家に数人集まると庭に出て踊り出したという。

大正から昭和の初め、八木節が流行してきたが、中善地では八木節を受け入れず、昔から伝承してきた盆踊りを守り通してきた。
音頭取りにも名手がいた。故生方倉之助さん（明治三十六年生まれ）や三沢義重さんらである。名手たちは盆櫓の手すりに身を乗り出し、体を大きく振って歌った。かれた通る声は踊り手を魅了した。体全体で歌っていたのであろう。現在は堀内勇さん（昭和二年生まれ）が音頭取りの後継者。

かつてこの地区の青年衆は他の地区の盆踊りに遠征し、相手方の櫓に音頭取りが登って歌い、踊りもこちらの者たちで踊ると、あまりの技術の素晴らしさに圧倒され、相手方の踊り手は踊るのをやめてしまい、中善地の青年衆だけの独り舞台となった。これを「櫓をしょった」という。ともあれ、中善地の盆踊りの技術が優れていたことを物語る。

さらに、青年たちは盆以外の日に、湯の町・伊香保にも遠征した。徒歩で行き、途中、水沢観音に立ち寄り、そこでリハーサルを済ませ、伊香保温泉の旅館を回って湯治客に盆踊りを披露した。どの旅館でも湯治客に万雷の拍手で迎えられた。それに気を良くした青年たちは、時たま伊香保に出向いた。盆踊りの流しとでも言えよう。伊香保に行くと青年衆は朝帰りとなる。父親にそれをなじられるので、帰宅すると野良着に着替え、馬を引いて山へ朝草刈りに行き、山でひと寝入りしてから草一駄を刈り、馬の背につけて帰った。この地区のかつての盆踊りが、いかに長《たけ》ていたかがうかがえる。

優れた技術で鳴らした中善地の盆踊り

渋川の祇園囃子（渋川市）

楽器に梅笛を使用

群馬の祭りに花を添えるのは、何といっても祭り囃子である。渋川市の祇園囃子（祭り囃子）もその一つ。この祇園囃子の歴史は古く、記録によると寛政七（一七九五）年、如来寺が祇園の世話役となり、渋川八幡宮で催されたとある。

明治十二年には九台の屋台が引き出され、祭り囃子が盛大に行われ、俚伝によると屋台には丸万燈や角万燈を乗せ、頂上の波形の上には人形を組み、花などで飾り付けて町内を引き回したと伝えられる。しかし、この古典的で優雅な屋台の祭り囃子も、町内をチンチン電車が通るようになると、屋台の丈を低くし、現在見るような屋根形屋台に改造されてしまった。残念なことである。渋川の屋台で見ごたえのあるのは、明治二十八年購入の上之町の高欄付き屋台である。優雅で気品の高い屋台である。

渋川の祇園囃子は明治のはじめごろは九月一、二日の祭礼に行われた。その後祭礼は変転しているが、渋川の囃子は屋台を街路で練り回し、荒れる屋台で有名なのだ。古くから御輿や屋台が荒れれば荒れるほど神のご利益があるとされる。渋川の囃子の醍醐味は八幡宮参り時の「八幡上りの勇み太鼓」である。日本三大囃子の一つである埼玉県秩父囃子も豪快であるが、渋川の「勇み太鼓」はこれに劣らない勇壮さがある。

渋川の祭り囃子の演奏曲目は各町内の囃子によって少々の違いはあるが、さんてこ、神田くずし、八幡上り、八幡下り、かごまる、きりん、おかめ、つくずっとん、夜神楽、一つとやなどである。群馬の祭り囃子の多くは江戸神田明神の神田囃子系のものが多いが、純粋の神田囃子はみられない。葛西囃子や阿佐ヶ谷囃子、目黒囃子、そして神楽までが折り込まれているものもある。特に演奏中に派手な掛け声をかける目黒囃子を混入しているものが目につく。

また祭り囃子の演奏楽器は大胴一、締太鼓三、鉦一、笛一であるが、明治の中ごろから大正期にかけて、祭り囃子の「引き合わせ」と称し各地で競演が行われた。そしてにぎやかな囃子が勝利を得、賞品として布の段物《たんもの》や樽詰めのしょうゆなどをもらったという。競演の流行により派手やかな流派の囃子が無認識に取り入れられ、囃子の曲は著しく変容してしまった。また締太鼓は基本的には二つで演奏するのが普通であるが、群馬の祭り囃子のほとんどが三個を用いている。そして、これを「三てこ囃子」と呼んでいる。また鉦も三寸鉦が基本であるが、群馬の囃子の多くは尺鉦といって、直径三十センチ以上もある大鉦をつるしてたたくのである。締太鼓の数のふえたのも、鉦がとびきり大きくなったのも、競演の影響なのである。

渋川の囃子の楽器で特徴のあるのは梅笛である。梅笛の音は二里（八キロ）四方に鳴りひびくという。この笛の起こりは勢多郡富士見村横室（現前橋市）に、かつて萩原元治なる笛の名手がいた。彼は梅笛を自分で考案作製した。この梅笛は沼田、渋川、前橋などの祭り囃子に使用された。梅笛使用のお囃子は全国的にもまれであるといえよう。

渋川の祇園囃子

木遣唄（渋川市寄居町）

群馬での木遣唄は重い木を引き出すとき、石をひくとき、橋の渡りぞめ、上棟式、棟梁送り、祭り囃子の屋台をひくとき、地づきを行なうときなどに歌われた。

木遣唄を歌う者は鳶職人、大工、庭師など特種な職業の人々と限られていた。群馬の木遣は兄弟木遣と呼ばれる江戸の木遣唄が中心である。この兄弟木遣と呼ばれるものは、寛政年間に喜六と弥六と呼ばれる。木遣唄の上手な兄弟が江戸神田にいた。兄弟で木遣音頭を掛け合いで歌った。兄弟とも美声で木遣の節まわしが特によく評判となった。その後、江戸の木遣を兄弟木遣と呼ばれるようになった。

兄の歌う木遣の部分を「芯」といい、弟の歌う部分を「側」とも呼んでいる。

江戸の木遣唄を調べてみると、

一、真鶴　（一曲）　（木遣のはじめにうたう）
二、地　（六曲）　（清めにうたう）
三、くさり物　（十曲）　（仕事のきりにうたう）
四、追掛物　（十二曲）　（掛け合いで歌うもの）
五、手休物　（六曲）　（鳶頭が疲れた時に歌ったり、地形の終りに歌う）
六、巻物　（三曲）　（巻きあげて運ぶものの時に歌う）
七、流し物　（五曲）　（道中が長い時に歌われる）
八、端物　（四十六曲）　（くさりと、くさりの間に歌う）
九、大門　（二十二曲）　（くさりや間のくさりに歌う）

以上のほか百余曲もあり、これらの木遣唄が群馬でも古くから歌われていた。しかし、木遣唄は特しゅな職業の人々によって伝承されてきただけに、それぞれの職人の属する「組」とか「頭」によって、歌もある程度ちがった形で歌われ、必ず同一のものではなかった。

鳶職人などは「西行」といい、次々と仕事をたよりに旅をしていく。旅先の鳶頭の家のコイグチのところに来ては、組頭の前で「おひかいなすって」と仁義をやる。仁義が済むと組頭は目下の者に「ゆすぎを持って来い」といいつけて、ばけつに水を持って来させ、西行に足を洗わせて座敷へあげて、先ず木遣唄を歌わせる。

木遣が歌えると翌日から仕事につけ、そして給金がよかった。

夜になると座敷へ全員集まり、組頭を囲んで木遣唄のけいこがはじまる。テコ棒という長さ八十センチ、太さ三センチ程のかしの棒をめいめい右手に持ち、左手はひざの上におき、組頭から木遣の指導をうける。歌うたびにテコ棒を座敷についてリズムをとる。このようにして、木遣の練習は毎晩つづけられた。

ここに一つの組の特色のある木遣唄が組の若者に伝承され、祝の座敷でも仕事場でも、その組のカラーのある木遣唄が歌われた。そして、その木遣唄はその組の象徴でもあったのだ。

しかし、各組に共通した木遣の祝いうたが「真鶴」である。この木遣唄は上棟式、橋の渡りぞめなど、いかなる木遣にも必ず最初に歌われる。

（兄唄）
ご用はめでたの　　枝も栄えて
若松さまよ　　葉も茂る
（弟唄）
峯の小松に　　谷の流れに
支那鶴かけて　　亀あそぶ

（渋川市寄居町）

またこれら祝の木遣唄は屋台囃子を引くにも歌われた。屋台の梶棒の上に、木遣師が一人せんすをもって立ちきやりを歌う。このとき屋台を引くのは、芸者衆などで「側」をつな引きの芸者衆に掛け合いでうたわれた。現在はこうした風情はみられないが、江戸末期から明治のはじめにかけては祭囃子と木遣唄は切りはなせなかった。

太田市沖之郷の祭囃子や渋川市の屋台囃子などは、古く木遣唄が歌われた。このとき屋台囃子の座である「鎌倉」を演奏し、木遣唄、次に屋台囃子の「打込み」「屋台」と演奏されるのが普通である。すべて木遣の歌われる目的は、事故のないよう「清め」や祝にうたわれたり、もっと大きな目的は力を合わせることにあるのだ。

渋川市寄居町の鳶による木遣

わらべうた編

解説編

前橋市清里地方の伝承わらべうた

時代の変遷とともに、新しい文化の一波一波が群馬の果てにまで押し寄せて、子供の遊びも年中行事も激変し、過去の群馬の生活の中で、子供たちに歌い継がれたわらべうたを聞くことは少ない。淋しいことだ。かつて民謡やわらべうたを歌って頂いた方を採集の折りにふとたずねると、「数年前に他界されましたよ」と聞かされるとき、私はいい知れぬものを感じてしまう。ここにかかげた前橋市清里地方のわらべうたをお聞かせ頂いた立見エイさん・関根邦三さんなど、皆他界されてしまった。こうした伝承者は生き抜いた時代の伝承文化を背負ったまま世を去ってしまう。私たちは過去の伝承文化をお聞きかせ頂き、残していく責務があるやに思われてならない。

Ⅰ．遊戯うた

1．遊び始めのうた

・ジャンケンうた

遊びをするのに順番を決めたり、鬼を決めたりするのにジャンケンをする。石と紙と鋏（はさみ）を出す前に、このうたを歌いながら歌詞の内容を身体表現する。「腹の真中に帯び締めて」では、両手で腹に帯を締める仕草をし、「お茶の真中に」では両手で胸の前で合わせ、掌（たなごころ）を上に向けて広く前に突き出す。

更に「頬（ほっ）っぺた叩けば甘くなる」で頬を両手で軽く叩き、「やや餅どんどんどこどん」と歌い終わると、チッチポの掛け声でジャンケンの石か紙か鋏を出す。「あいこ」の場合は、このうたを初めから歌って勝負がつくまで行うのである。こんな小さな遊びの中でも、チッチポの掛け声の終了と同時に、誰よりも早く石か紙か鋏を出さなければならないのだ。もし相手より遅く出そうものなら「ごまかし奴」とののしられ、仲間はずれにされてしまうのだ。ジャンケンという遊びの中で、小さい時から正義感や正直さが培われてきたのである。

なお、群馬のジャンケンの仕方の中でもチッチポは非常に古い掛け声である。　（楽譜二〇三頁）

2. まりつきうた

・座りまりつきうた

群馬にゴムまりが出回ったのは、明治の終わり頃とされている。それ以前は「糸まり」。子供たちが自分で手作りのまりを作った。糸まりの芯には、山岳地方では岩に生える岩苔を乾燥させて使ったり、ゼンマイの綿を丸めて芯にし、それに糸を巻いて糸まりとした。西毛の下仁田地方ではコンニャクを石で摺（す）り、それを丸めてまりとした。コンニャクまりはゴムまりのように良く弾んだ。里の地方では真綿を芯にするか、八つ頭の茎を干して使うことが多い。

清里地方ではゴボウの葉を陰干しにし、それを良く揉（も）んでまりの芯にし、糸をきつく丁寧に巻いて糸まりを作った。糸まりはゴムまりのように良く弾まないので、床の上に「立てひざ」になってついた。

糸まりにまつわるわらべうたは、物語り（段物という）を歌ったものが多い。それは歌舞伎の影響だともいわれる。現在のようにメディアが発展しテレビやラジオなども当時はなく、清里地域の人々によって農村歌舞伎（芝居）が行われていた。かつて前原地区には回り舞台があり、青梨子地区には農村舞台があった。これらの舞台がかつて盛んに農村歌舞伎が行われてきたことが窺える。隣接した地域に二つもの舞台が存在していたことは、清里地域が他にはみられない、いかに芸術文化が発展していた地域であったかが知れてくる。

こうした身近な芸能で演じられる物語りが子供たちのわらべうたに直接影響したとも考えられる。それぞれの座りまりつきうたの内容に儒教的な匂いの感じられるものがあるのも、歌舞伎の影響があるのかも知れない。

なお、まりつきうたの最後に「一貫貸しました」と歌い終わる曲があるが、これはまりをつき合う仲間同士が一カ所に集まり、先の者が一つのまりつきうたを歌いながら最後までまりつきを間違えずつき終わると、相手に一貫貸した（相手に銭で一千文一曲貸した）ことになり、借りた者はそれを返すべく同じ曲を始めからまりをつきながら歌うのである。

かつて清里地域の子供はまりも自分の手作り、良く弾むようにと工夫し創造力を生かしたに違いない。更には、「一貫借りた」うたを返さなければならない。普段の生活の中でも熱心にまりつきの練習を重ねたに違いない。今にない清里地域の子供たちの姿が見えてくる感がある。（楽譜二〇四頁）

3．お手玉うた

お手玉は直径四センチ程の四角い袋状の布袋を縫い、その中に小豆を入れる。更に足袋の「こはぜ」二枚を入れ、袋の口を閉じる。これでお手玉の完成である。主にお手玉は女子の遊びで行われた。

吾妻郡嬬恋村今井では、こはぜでなく、山からヤマカマスの巣をとって来て中に大豆を一つ入れ、あずきと一緒にお手玉の中に入れる。カラカラと異様な音がしてお手玉うたの良い伴奏になった。タビのこはぜをお手玉に入れると、甲高い金属性の音を放って美しいリズムを刻んだ。

お手玉は両手に一つずつ持って、自分の胸の前でお手玉を空に投げ、右手に持ったお手玉は左手でキャッチし、左手のものは右手にとらえ、この仕草をお手玉うたに合わせて歌が終わるまで続けて行うのである。お手玉の技術が向上すると、お手玉を三つか四つ持って、お手玉うたに合わせて空中で見事にとらえながら行うのである。

ここに掲げたお手玉うた二曲はお手玉初級クラスのものである。自分の手作りのお手玉を当時の子供は大事にし、共にすべての物を大事にする心を培ったに違いない。

（楽譜二〇九、二一〇頁）

4．羽根つきうた

正月の羽子をつく音は新年の風物詩でもある。乾燥しきった榛名東面の清里地域の冷え切った空気を突き刺すようにカーン、カーンと甲高く羽子を突く音は新年を告げる。群馬では羽根突きとか羽子突きとも呼んでいる。かつては羽子板は店で売っていたが、自分で作ったりもした。

羽子は晩秋の頃になると「もくれんじ（むくれんじ）の実」が熟して落ちる。もくれんじの実は直径三センチ程の飴色の袋状の中に、小指の頭程の黒色で丸い実が入っている。それを取り出し、その黒色の堅い実に釘で小さな穴を開け、その穴に鶏の羽根三本を差し込む。そして、羽根がゆがまないように飯つぶを練り込むか、杉ヤニか松ヤニをとって来て、羽根の根元に詰め込んで固定する。突いた羽子が空中でクルクル回るのが良い羽子とされた。子供たちは新年の庭先で羽根突きうたに合わせて羽根突きをするのである。

（楽譜二一一頁）

5. 縄とびうた

子供たちが集団での縄とびになると、わらべうたを歌いながらの縄とびとなる。この場合、縄とびの縄は長縄といって、藁性の荒縄を使用した。そして、良く回るようにと、縄の真中程に一つ結び目を作る。縄を回すのに重くなって回し良いのだと。縄回し役は縄の相方の先端に一人ずつ付き、縄を回しながらこのうたを大声で歌い始める。

この縄とびうたは数えうた形式のうたで、「一つ一本橋は」のうたの所で、縄とびの最初の者が回る縄に入って飛び続け「二つ船屋は」の所で二人目、そして「三つ味噌屋は」で三人目という順に次々と飛び続け、十番まで歌い終わるとまた最初に戻って縄とびは続けられた。途中縄飛びの者が疲れて縄を足にからめてしまうと、その者は縄回し役となる。縄飛びには個人で縄を持っての縄飛びがあるが、この場合、縄飛びうたは歌わない。この縄とびうたのように一時代前の伝承わらべうたの詞章には何か教訓的なものが感じられる。（楽譜二一三頁）

Ⅱ. 動物・植物のうた

かつての子供は大自然を背負って生きてきた。そして、動物も植物もすべて自分たちの仲間と考えてきたのである。そのせいか、子供たちが動物や昆虫に向かって浴びせる歌は多い。

1．からすのうた

からすに向かって歌う歌もその一つ。群馬に生息するからすには、北の雪国から渡って来る入内（にゅうない）がらすとその地域に住んでいる留鳥（りゅうちょう）のからすとがある。からすは長命で百歳近くまで生きるのだという。

からすは昼間は人里近くの田畑などで餌をあさり、日暮れになると西山や森などの寝ぐらへと急ぐ。その時は十羽、二十羽が一群となって帰って行く。赤い夕日を浴びサッサッと異様な羽音がする。子供たちも一日の遊びを終えて家路を急ぐ。赤く燃える夕暮れの西空に向かって急ぐからすの群れに、子供たちは大声で歌を浴びせるのだ。（このうたの詞章の中に「足を洗って」とあるが、からすは一日餌をあさったりして、汚れた体を行水してきれいになって、寝ぐらに帰るのである。人間の入浴と同じであろう）

（楽譜二一四頁）

2．たにしのうた

水稲栽培に農薬を使用する以前には、多くのたにしが田んぼにいた。カラスはたにしが大好物で、稲を刈り上げた田には、たにしが小さな穴の中に潜んでいる。そのたにしをカラスは取り出し、強いくちばしでつついて、たにしの殻を破って食べるのである。

こうした光景をみて子供たちはたにしのうたを歌うのだ。大自然の中で水中のか弱い生物に心を寄せている。かつての子供の姿がこのうたから窺える。

（楽譜二一五頁）

3. ほたるとりうた

かつて群馬では、ほたるを入れる籠は麦藁で編んだ。この清里地区も同じである。麦の刈り入れの頃、ほたるは出るので新しい麦藁でほたる籠を作った。ほたる籠の編めない幼い子供は太めのねぎの葉を取り、その中にほたるを入れ、ねぎの青い葉の色にほたるのほのかな光が映って、いい知れぬ光景となる。

ねぎの葉のほたる入れを「ねぎじょうちん」と呼んだ。そして夜、ほたるとりに行く時、「はな結び草履（ぞうり）」をはいて行った（半草履とも呼んだ）。この草履は鼻結びの所に蝶（ちょう）ネクタイのような飾りを付けたものである。これは「まむし除け」になるのだと。

子供はほたるを籠に入れて軽く振りながら、ほたるとりうたを歌う。ほたる籠を振ると中のほたるは良く光を放ち、他のほたるが近寄って来るのだと。

群馬ではとったほたるを家の中に放してはいけないという禁忌（きんき）がある。放したほたるが家の梁（はり）に止まると、その家は火事になるのだと。更に、ほたるには毒があるのだといい、ほたるとりの後は必ず手を洗わなければならないのだ。

（楽譜二一六頁）

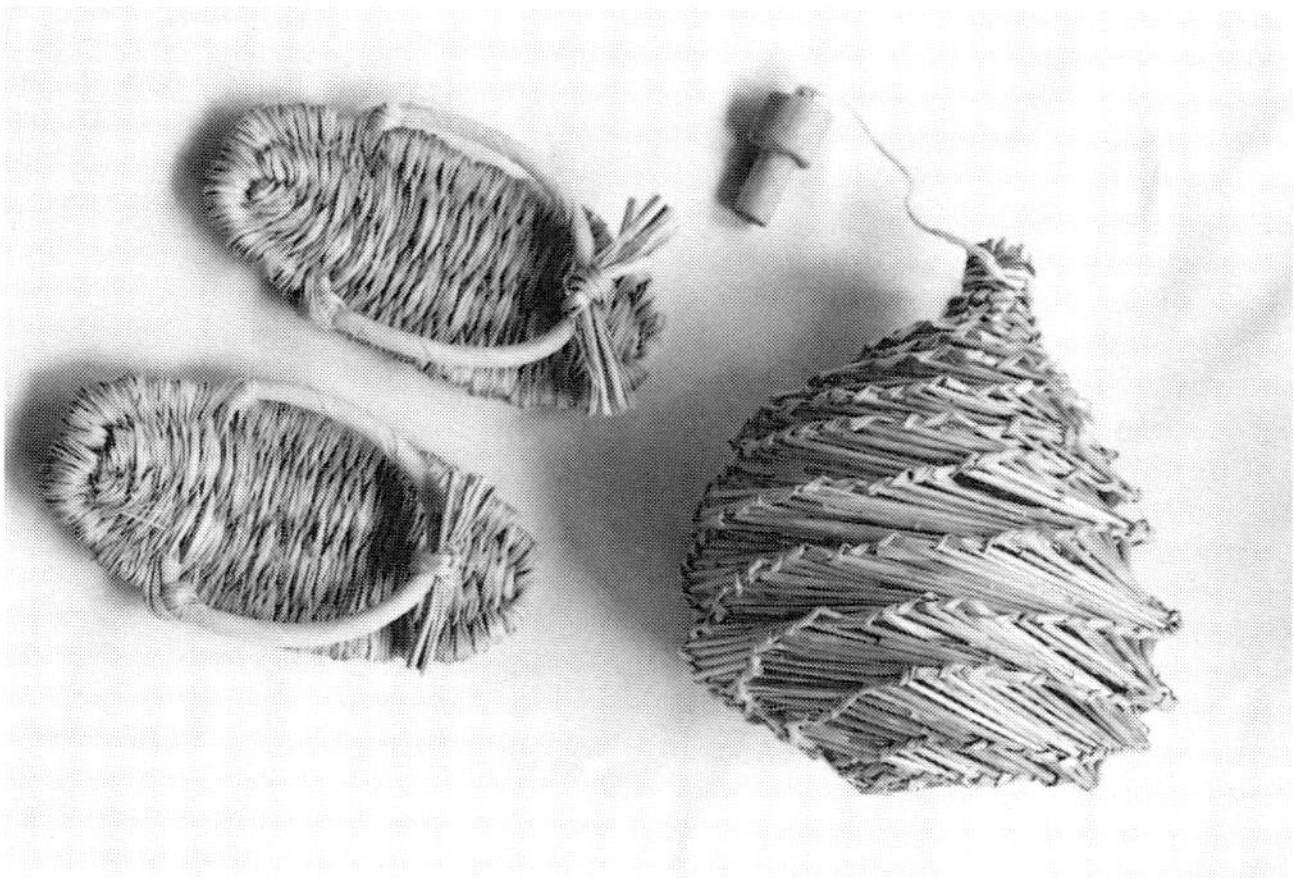

半草履と手づくりのほたる籠

Ⅲ. 天体・気象のうた

外遊びをするのに風や雨天は子供たちに障害となる。そのため太陽（てんとう様）は子供たちには貴重な存在なのだ。群馬にはてんとう様のうたは多い。風についての歌も多い。かつての子供たちが自然を背負って生きてきた何よりの証なのである。

1. てんとうさまのうた

夏、河川で水浴びをし、体が冷えて耐えられなくなると川岸に上がって陽《ひ》なたぼっこ（日光にあたる）。この時、雲が太陽をさえ切っていると、この歌を参加者全員で歌う。また群馬の冬はごく寒い。屋外での遊びで、ネクイやめんこなどのゲーム中、太陽が雲にかくれると寒さのあまりゲームに支障が起きる。すると、太陽に向かってこのうたを歌い続けたり、軒下の壁に寄りかかって押しくらまんじゅう遊びに入って体をあたためたりもする。

（楽譜二一七頁）

2. 風花のうた

群馬の冬はごく寒い。特に清里地区は榛名山の東面に位置して榛名颪（おろし）が吹きまくるので、特に厳寒。かつての子供たちの防寒着は暖かい綿のたっぷり入った「綿入れ半てん」である。寒いから鼻汁がたれてくる。それを半てんの袖でふくので、両袖はピカピカに光っていた。群馬の子供の冬の風物詩かも知れない。榛名颪は寒風だけではない。雪より軽い風花と呼ばれる雪を運んで来て、それを降らすのである。晴天であったと思うと急にかき曇り、榛名颪と共に風花が舞い、あたり一面真白い銀世界に変わる。

風花のことを「風花小僧」と群馬で呼んでいる。雪が主人であれば風花は小僧なのかも知れない。とにかく榛名颪は寒いうえに風花が降るとより厳寒となる。子供たちはこの風花うたを寒さに負けじと歌うのである。

（楽譜二一八頁）

Ⅳ. ことば遊びうた（唱えうた）・まじないうた

子供の成長過程のなかで、ことばを発（だ）し合って、さまざまなことを表現仕合う。それを早口に言い合ってみたり、実生活そのままを唱えてみたり、ユーモラスな内容であったりさまざまである。ことば遊びを通して、子供同士の人間関係を作り合い認め合っていく上に大切なのである。

1. お正月のうた

年末になると、子供たちには楽しいお正月が待ち遠しい。しかし、かつての生活にはお正月を迎えられない程の貧しい生活の家もあった。このうたの詞章に「俺（お）らあボロをずるずる」とあるが、これは子供たちの口ずさむ歌が実生活でもあったのだ。子供たちの純粋な感覚が鋭く生活をとらえている。

お正月は来る来る

俺《お》らあボロをずるずる

おとなの民謡にもみられないこれ程生活を鋭く表現されているものはない。上州っ子の感性の素晴らしさなのかも知れない。

（楽譜二一九頁）

2. 唱えうた

かつて、向こう三軒両隣りは、親密な関係を保って生活を維持して来た。それでなければ生きていけなかったのである。

一例であるが、風呂もらい（風呂を呼び合って入り合う）を始め、茶ぞっぺえ（お茶を飲みながら食べるもの）を作ると、隣りの家に「茶ぞっぺえに、ちっとんべえ（少し）作ったが食わねえかい」といって、おてしょう（手塩皿）に入れて持って来る。隣りの家では、そのおてしょう皿を返すのに、お返しといってわずかな物品を入れてお返しをする。このようにして人間関係を深め合い認め合ってきたのである。こうした生活感をこの唱えうたでは、段物的な内容でユーモラスに歌っているのである。

（楽譜二二〇頁）

3. 水すましうた

子供たちの遊び場である川や田の堀などには、どじょう、かわにな、たにし、げんごろう、やごなどが生息している。そして、その水面にはすうとめが鮮やかな円を描きながら何匹も舞い続けている。この水すましを見ると子供たちはこのうたを歌うのである。更にこのうたは、子供が夏の暑さの中で川や田の堀などで、どじょうやふなを捕りながらのどが乾くと真近な水を飲みあさる。この時水が濁っていると、このうたを歌い合うのです。

このうたの詞章の中に「お寺の婆（ばば）あが」とある。「婆さん」と欲しいが、ここが「くったくのない」上州っ子そのままである。夏ののどが乾いて水を飲みたい時だけに歌うのでなく、冬季でもこのうたは唱え合うのである。

（楽譜二一二頁）

4．まじないうた

かつて清里地方では夏季に子供が頭痛だというと、すげ笠をかぶせ、すげ笠に柄杓（ひしゃく）で水をかけながら「チチンプイプイ」と唱え、すげ笠から水が漏るとかくらん（日射病）と判定し、こめかみに梅干をはり、胡瓜（きゅうり）を食べさせ、かくらんを治した。かつてチチンプイプイということばは診療的な大きな意味を持っていたのである。

子供が打ち身などして痛がると、年上の者がその打ち所に手を当てそっとさすりながら、このまじないうたを歌うのである。不思議なことにこのうたが歌い終わると痛みはなくなってしまうのである。

（楽譜二一二頁）

5．たにしのうた

何とユーモラスな内容の歌であろう。屈託ない上州人の気質を子供の頃から伝承しているのかも知れない。この歌などまだ品の良い方である。しかし、子供のユーモラスには「あく」がない、さわやかである。子供同士このうたを歌い、笑い合う、ラポートを持ってきたのだろう。

（楽譜二一三頁）

V. 子守りうた

かつて群馬の子供の通過儀礼的な仕事に、男児はハンドリ（田の代かき時の牛馬の運転役）、女児は子守りがあった（男児も子守りをした）。ともに重労働の仕事。

子守りには自分の弟妹を子守るやり方と、他の家に子守り奉公に出てのやり方とあった。子守りうたは大きく分けて、ねかせうた・遊ばせうた・子守りの辛（さら）さを歌ったものとに分けられよう。

1. 子守りうた（ねかせうた）

この子守りうたはゆったりとした曲想で、長々と段物（物語り）で歌われているのである。曲は江戸の子守りうたに似た曲想を持っている。清里地区では子供がこの歌を聞きながら眠気が始まるとうたを小さく歌い子供を眠りに導くのだと。

（楽譜二一四頁）

2. 子守りうた（遊ばせうた）

この歌は背におんぶされている子供と月を見ながら子供を遊ばせる歌。この歌ほど古くから各地で広く文献にみえるものはない。元々は陰暦八月十五日の中秋の名月を見て歌ったものが、次第に子守りうたや手まりうたなどに変容されていった。文政三（一八二〇）年、序のある行智編「童話集」には子守りうたとして「お月様なんぼ、十三七つ」とこのうたを「目ざめ唄」と題して規定されている。子供の目を覚まさせて遊ばせるという意味から、広義の「遊ばせうた」の範疇《はんちゅう》に考えられる。

清里地区では中秋の名月はもちろん、月の夜の上毛の赤城山や榛名の山々を仰ぎながらの月は、他では味わえない風情がある。かつて清里地域では秋から冬にかけて夜なべ仕事、この仕事は夕食を済ませた後に、米や麦を入れる俵あみや臼びきなどを行ったのである。家族がこの仕事をする間、子守りは子供を背負ったり、子供の手を引いたりして屋外で子守りをする。夜なべ仕事で働く母親をみて、子供は母親に甘えて泣くからなのだと。

夜なべ仕事にまつわる子守りばかりではない。月の夜、屋外で月を観ながら子供同士このうたを歌った。

（楽譜二一六頁）

3. 子守りうた（子守の辛さをうたったうた）

幼くして子守りの年季奉公として他の家に子守りに出された子供の辛さや苦悩の心情を歌った子守りうたは多い。このうたもその一つ。調査の結果、子守りの年季奉公として出された年齢は五、六歳から十二、三歳までの女児が多くいた。各地域に子守りを斡旋する専門の「桂庵《けいあん》」（清里ではケイヤンという）と呼ばれる人がいて、子守り希望の家に斡旋するのである。

子守りの年季奉公の期間は一年、三年、五年などがあり、契約になると証文を取り交わす。契約が決まると子守りの親元に前金として金が全額支払われた。それは人身売買の性格すら持っていたようだ。

このうたの詞章に「雨風吹いても宿はない」とある。雨の日に家族は納屋や家の中で仕事をする。その時、母を見て子供は甘えて泣く。「家族からは外へ行って子守れ」と怒られる。子守りの行き場のなさを歌っており、また「三月三日は出替わりで」とあるが、子守りの年季奉公の終わる日は三月三日であった。次に来る年季奉公の者と入れ替え（出替わり）になる日が楽しみでそれを歌っている。更に「茶碗におまめではしアバヨ」とある。世話になった茶碗も豆でいてくれ、それにおはしもアバヨ（さようなら）。けなげな子守りの心情が伝わってくる。

（楽譜二二八頁）

Ⅵ．歳事うた

かつて協同体の中で、子供の果たす領域は歴然としていた。それは特に子供の年中行事である。成人の手を煩《わずら》わせず、子供たちだけでその行事をとり行ってきたのである。更にその行事にはわらべうたを伴い、そして地域が成り立っていくのに顕著であり、どの行事にも祈りという付帯目的がある。

・七草行事には「渡り鳥の害鳥を追い払って、今年一年作物が豊作になりますように」という祈りが込められている。

・道祖神行事では地域はずれにどんど小屋を立て、中に正月の飾り松等を入れて燃やし、新年に流行性の病気や邪鬼などが入って来て（自分たちの住む地域が病に犯されないように）という祈りが込められている。

・なるき攻め行事には今年一年果実が豊作になりますようにという祈りが込められている。

・十日夜（とおかんや）行事にはモグラを追い払って麦がたくさんとれますようにという祈りが込められている。子供の時こうした祈りの行事を経て成人になった者は「おとなの成り方が違う」素朴な地域の伝統行事の祈りから人を思いやる心が生まれ、それがやさしい人間形成になっていくのであろう。時代がどんなに変わっても地域に伝わる伝統行事を軽視したくないものである。

1. 七草うた

正月七日には七草粥《かゆ》を各家で作る。粥の中に春の七草を入れる。その七草はまな板の上に乗せ、包丁で七草うたを大声で歌いながら乱切りにする。包丁の音も出来るだけ大きくする。歌も大声で包丁の音もまな板に強く打ちつけてより大きくする。大きくすることで、この音に驚いて渡って来る害鳥が他へ逃げて行き、そして今年の作物は豊作になるのだと。

（楽譜二三〇頁）

2. 道祖神のうた

榛名颪の寒風にさらされながら、村はずれにどんど小屋を作る。地域の子供たちだけで小屋は作り上げる。その指揮に当たるのは、その年の最上学年の男子。この指揮に当たる者を親頭。次の者を子頭と呼び、親頭は絶対の権限を持っており、道祖神に参加の子供はいかなる時もこの親頭に服従しなければならない。道祖神で集まった金銭も親頭が低学年の子供から金額を決めて配布する。こうした道祖神行事を通して、親頭は生まれて初めて身上回しを覚えるのである。

作り上げたどんど小屋は正月十四日の夜半に燃やすのである。燃やす直前にこの道祖神うたを太鼓に合わせて歌いながら、地域を巡って各家に燃やすことを告げるのである。

この歌を聞いて各家では細長い竹の先に、小正月の餅やまゆ玉、するめ、みかんなど、それぞれ針金でゆわえつけたものを持って小屋に集まり、燃えるどんど小屋の火で焼いて食べたり、家に持ち帰って家族全員で食べる。道祖神の火で焼いた餅などを食べると、その年病気になったり風邪を引かないのだと。

（楽譜二三一頁）

3. なるき責《ぜ》めうた

正月十四日、各家ではまゆ玉を作った。蚕が豊作になるようにとのことで、このまゆ玉をゆでたお湯を庭の片隅にある果樹の幹に柄杓でかけながら、このなるき責めうたを歌う。更に鉈《なた》で果樹の幹にわずかな傷を付けながら、「ならねば、ぶっ切るぞ」と脅かすのだ。果樹はこうすることによって驚いて実を結び豊作になるのだと。

更に熱いまゆ玉をゆでたお湯をかけると果樹に宿っている害虫が退散し豊作になるのだ。

（楽譜二三二頁）

4. 十日夜うた

十月か十一月の晩秋の頃、十日夜行事は行われる。子供はそれぞれ今年とれた新藁で直径十センチ程の藁鉄砲を作る。藁鉄砲の芯には八つ頭の茎《くき》か、みようがの茎を入れる。そして藁鉄砲のまわりには細かく縄を巻く。八つ頭の茎やみようがの茎を入れると地面をたたいた時、良い音がするのだと。

夕方、地域の子供たちは藁鉄砲を持って集まり、各家の門口や庭を藁鉄砲で強く打ちながら、この十日夜うたを歌うのである。藁鉄砲の音に驚いてモグラは逃げ、麦が豊作になるのだと。おとなは野良に出て働き直接の生産者。子供はこの行事を通して間接的な生産者なのだ。かつての清里地区の協同体の素晴らしさに敬服する。

（楽譜二三三頁）

楽譜・歌詞編

ジャンケンうた

前橋市清里地方
採譜　酒井正保

ジャンケンうた

水沢どんどん　かけ流し
腹の真ん中に帯しめて
おちゃの真ん中に腰かけて
ほっぺた　たたけば甘くなる
ややもちどんどん
どこどんどん
チッチポ

座りまりつきうた

花も盛りのおじょうさん
晴れてお江戸へご奉公
一年勤めて二年目に
どうやら病気を引受けて
お医者がまもなく駆けつけて
右と左のみゃくを見て
おようさんが言うのには
心優しいおようさん
せめて此の世のなごりにと
鉄砲なぎなた父さんに
きんらんどんすは母さんに
茶碗と茶杓はばばさんに
ぱら緒のせきだは姉さんに
えび茶ばかまはお寺様
涙つきせずゆきました
これで一貫貸しました

座りまりつきうた（Ⅰ）

前橋市清里地方
採譜　酒井正保

座りまりつきうた

針の山にも寝てみたが
松葉にさされて目があかぬ
ここは何処だと聞いたらば
ここは安中森の中
森の中の小娘が天下一の機織りに一つでは
乳を飲み
二つでは乳離れ
三つでは水をくみ
四つでは用をたし
五つでは糸を取り
六つでは婿を取り
七つでは七機織り
八つでは屋敷世話
九つではここに世話されあそこに世話され
十じゃ遠くへ納まった

座りまりつきうた（Ⅱ）

前橋市清里地方
採譜　酒井正保

座りまりつきうた（Ⅲ）

前橋市清里地方
採譜　酒井正保

座りまりつきうた

一二（ひーふ）唐くり唐糸は
二十八ひづ又八ひづ
合わせて三十六の糸
糸口揃えて置いたらば
夕べの嵐で吹き散らし
今朝の嵐で吹き散らし
納戸のすみに置いたらば
ちゅうちゅう鼠が引いてった

お手玉うた（Ⅰ）

前橋市清里地方
採譜　酒井正保

お手玉うた

一つがんがらみ　二つ蕗のとう
三つ蜜柑（みかん）の木　四つようじの木
五つ銀杏（いちょう）の木　六つむくれんじ
七つ南天木　八つ八重桜
九つ小梅の木　十でとっちんがら
十一がらがら

お手玉うた（Ⅱ）

前橋市清里地方
採譜　酒井正保

羽根つきうた（Ⅰ）

前橋市清里地方
採譜　酒井正保

お手玉うた

一つ火鉢で焼いた餅
二つ福々膨れ餅
三つ見事な桜餅
四つ汚れた小豆餅
五つ医者どんの薬餅
六つ婿どんの土産餅
七つ何より雑煮餅
八つ屋根やの煤（すす）け餅
九つ紺屋のあさぎ餅
十で父ちゃん搗（つ）いた餅

羽根つきうた

一人来な二人来な三人来たらば
寄っといで何日来て見ても
七この帯を矢の字に結んで
しゃれかけとうよ

羽根つきうた（Ⅱ）

前橋市清里地方
採譜　酒井正保

羽根つきうた

おひよおはよお姫と女郎と
何処へご座るお江戸へご座る
お江戸の道に羽の生えた鳥と
羽の生えねえ鳥とぎしぎしばたばた
くるりと回って一貫しょ

縄とびうた

一つ一本橋あめん棒が頼りよ
二つ船屋はお舟が頼りよ
三つ味噌屋はお豆が頼りよ
四つ吉原お客が頼りよ
五つ医者どん薬箱が頼りよ
六つ婿さん嫁さんが頼りよ
七つ菜切り包丁まな板が頼りよ
八つ屋根やは鋏が頼りよ
九つ染屋は染粉が頼りよ
十で豆腐屋は大豆が頼りよ

縄とびうた

前橋市清里地方
採譜　酒井正保

からすのうた

前橋市清里地方
採譜　酒井正保

からすのうた

からす　からす　足洗って何処へ行く
麹山へかえる
麹かってなんにする
西の山の猿にみんなふるまい申す
西の山の猿と東の山の猿が
みんななめ申す

たにしのうた

前橋市清里地方
採譜　酒井正保

たにしのうた

つぶどんつぶどん山へ行け
山んなんかいやいや
からすのような黒鳥が
あっちい向いちゃつつき
こっち向いちゃあつつき
雨さえ降ればそのきずが
づつきもつき病め申す

ほたるとりうた

前橋市清里地方
採譜　酒井正保

ほたるとりうた

ほほ蛍来い
山武士（やんぶし）来い
そっちの水はにげえぞ
こっちの水は甘えぞ
蛍の母さん金持ちで
灯籠に乗ってこっちに来い
昼間は草場に身をかくし
夜は灯籠の竹のぼり

てんとうさまのうた

前橋市清里地方
採譜　酒井正保

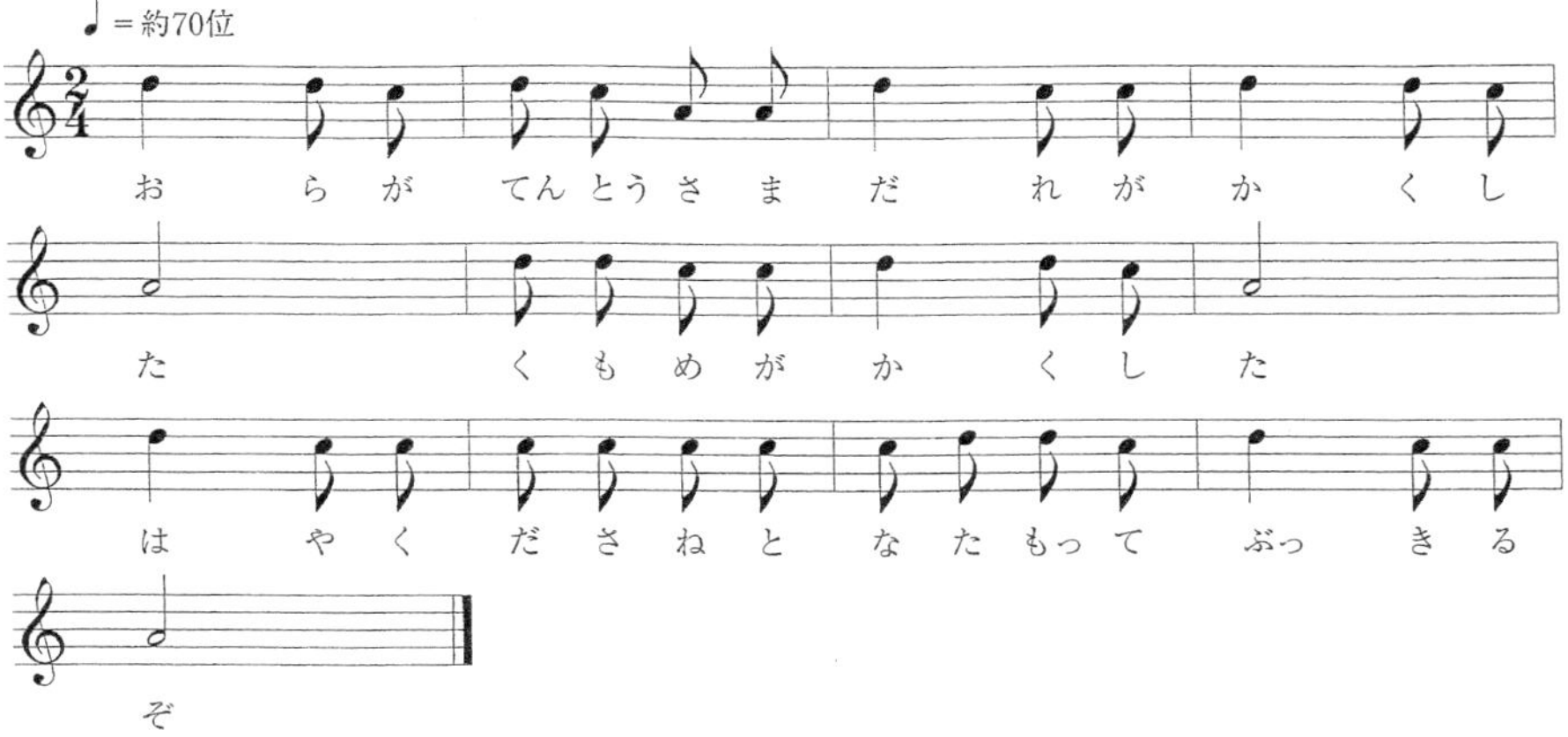

てんとうさまのうた

俺らが天とう様だれがかくした
くもめがかくした　早く出さねと
鉈もってぶっきるぞ

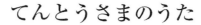

風花のうた

前橋市清里地方
採譜　酒井正保

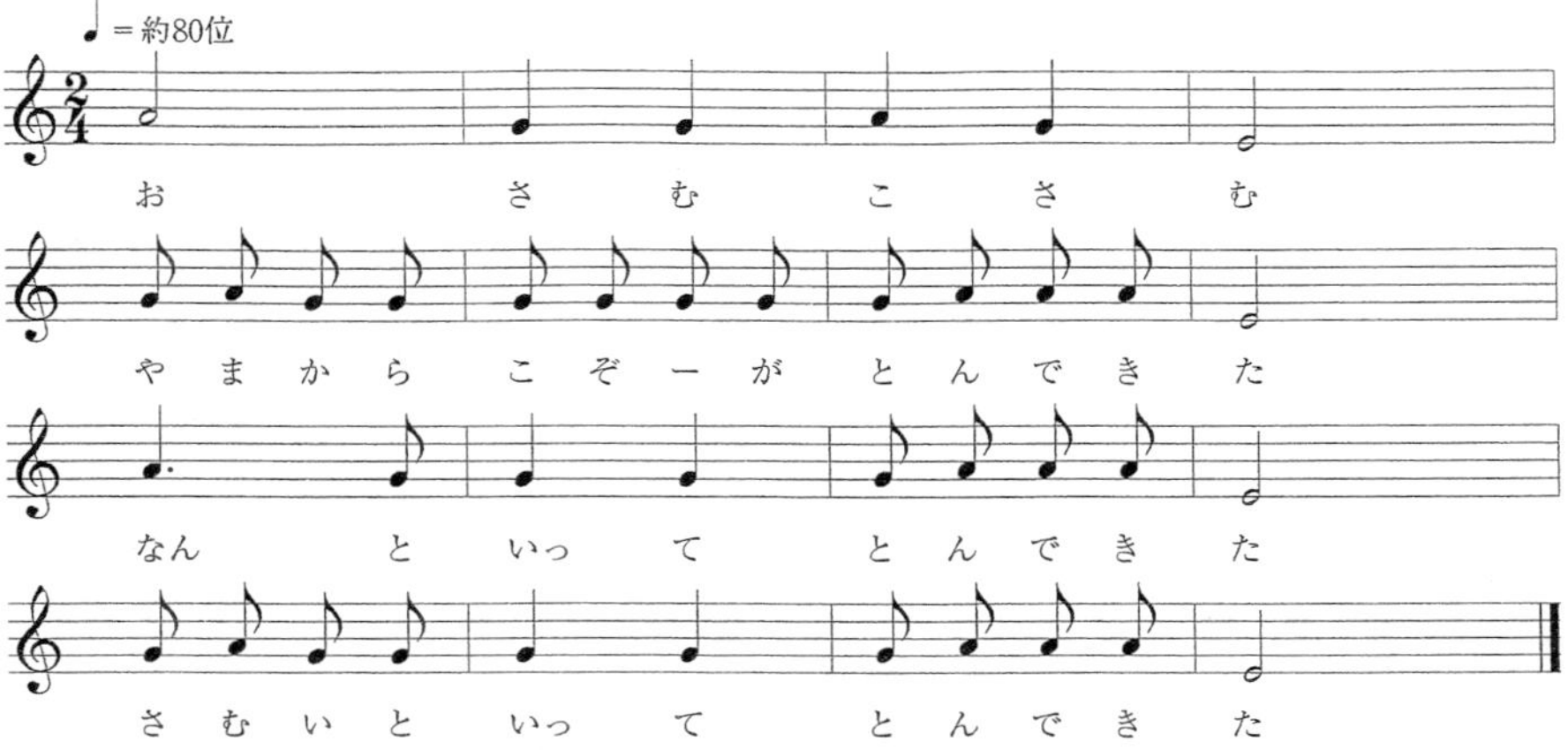

風花のうた

大寒小寒
山から小僧が飛んで来た
何と言って飛んで来た
寒いと言って飛んで来た

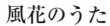

お正月のうた

前橋市清里地方
採譜　酒井正保

お正月のうた

お正月は来る来る
おらあボロずるずる

唱えうた

前橋市清里地方
採譜　酒井正保

唱えうた

おらが隣のおかよと言う子が
ねんねを騙（だま）して遊んでいたら
お勝手回って
どぶ漬け香こ　輪切りに切り
生味噌なめなめお握り作れば
母さんこれ見てあれまあれま

水すましうた

前橋市清里地方
採譜　酒井正保

水すましうた

濁（にご）らば濁れ
澄（すも）らば澄れ
お寺の婆（ばば）あが
水くみ来るぞ

まじないうた

前橋市清里地方
採譜　酒井正保

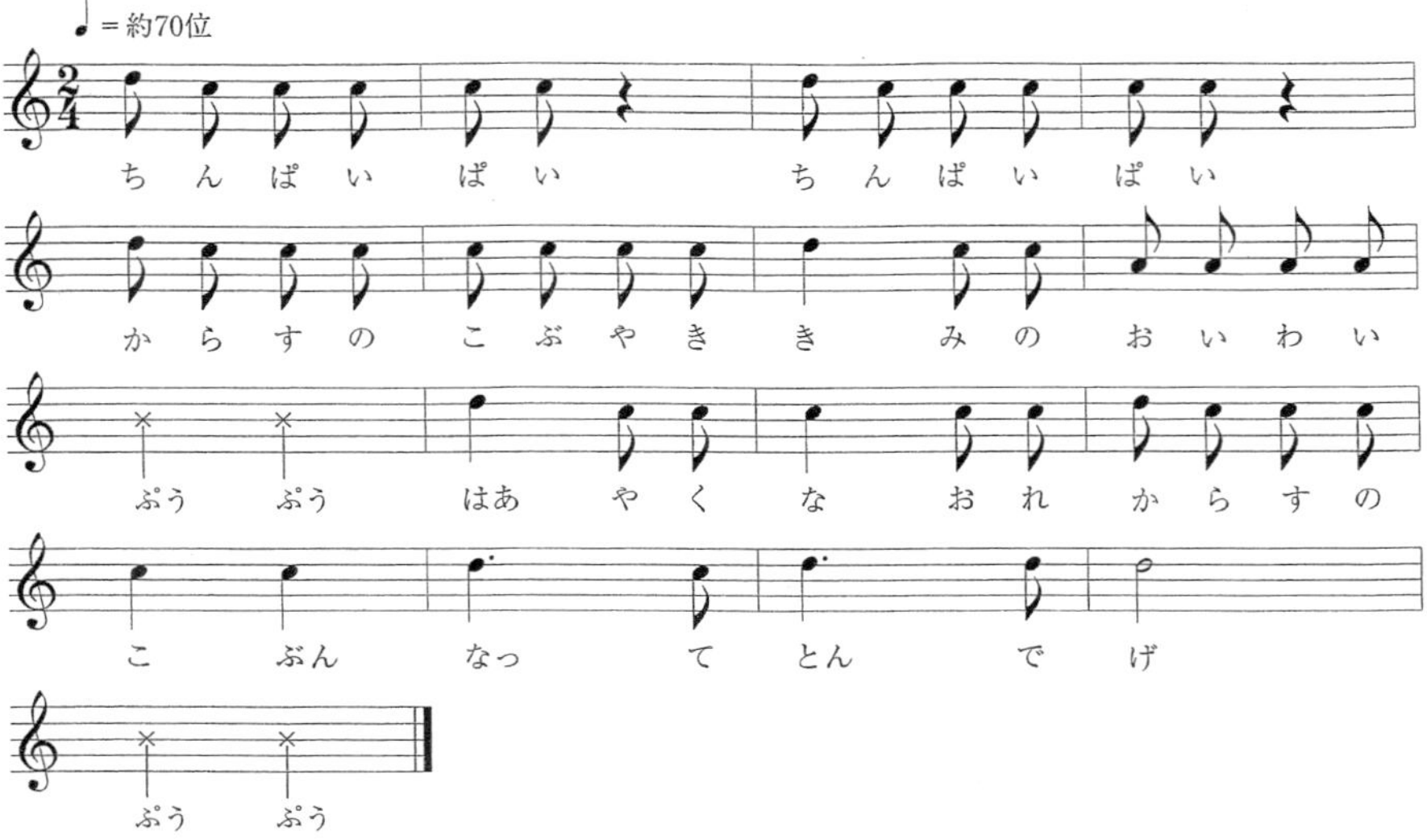

×｜は、痛いところを手でさすりながら息を吹きかける音

まじないうた

ちんぱいぱい　ちんぱいぱい　鴉のこぶ焼き
君のお祝いぷうぷう
はあやく治れ　鴉のこぶんなって
飛んでげ　ぷうぷう

たにしのうた

前橋市清里地方
採譜　酒井正保

たにしのうた

田舎の姉ちゃん
立ち小便
たにしがたまげてふたをする

子守りうた（ねかせうた）

寝ん寝んよかんかんよ　嬢やは良いこだ寝んねしな
ねんねして起ればお乳やる
お乳のおでばがいやならば
お米のご飯に魚添（せ）えて
さらさら食べたらうまかろう
嬢やのお守は何処へ行った
矢嶋の宿やへあんも買いにあんも買って
誰にくれようか良い子にくれて孕（はら）ませて
男ができたら取り上げろ
取り上げ婆さん名はなんと
八幡太郎と名付けます　八幡太郎の厩（うまや）には
馬を幾つつないだ三十三匹つないだ
草を幾駄刈り込んだ
三十三駄刈り込んだねんねんよかんかんよ
嬢は良い子だ寝んねしな

子守りうた（ねかせうた）

前橋市清里地方
採譜　酒井正保

子守りうた（遊ばせうた）

お月様幾つ十三七つ
まだ年は若いよ
若子を生んで誰に抱かしょ
お万に抱かしょ
お万は何処行った
油買いに茶買いに
油屋の前ですべって転んで
油一升零（こぼ）した
その油どうした
太郎どんの犬と次郎どんの犬が
みんななめてしまった
其の犬どうした
太鼓に張ってあっちの
山でドンドコドン
こっちの山でドンドコドン

子守りうた（遊ばせうた）

前橋市清里地方
採譜　酒井正保

子守りうた（子守の辛さをうたったうた）

ねんねんねんねんねんねんよ　眠れば鼠に引かせるぞ
起きればお菊にくれてやる　泣けば長持ちしょわせるぞ
笑うと藁の中へ（なけえ）入《え》れてやる
子守りは楽なようで辛いもの　雨が降っても宿は無い
人の軒端で日を暮らす　おっかさんにゃ叱られ
子にゃ泣かれ　おとっさんにゃ横目で睨（にら）まれる
早く三月くればよい　三月三日は出がわりで
茶わんにおまめではしあばよ
ねんねんねんねんねんねんよ

子守りうた（子守の辛さをうたったうた）

前橋市清里地方
採譜　酒井正保

七草うた

前橋市清里地方
採譜　酒井正保

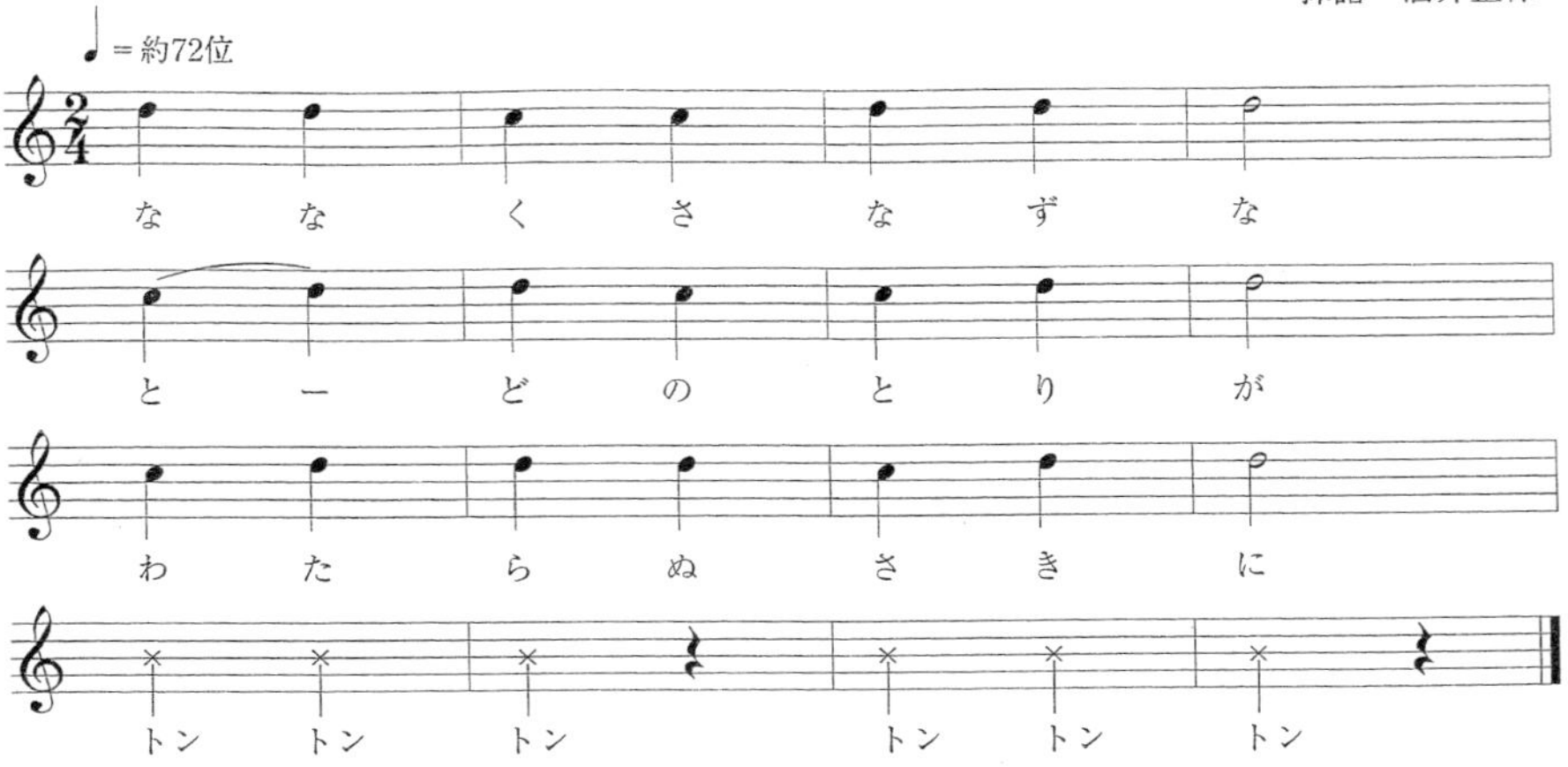

× は、まな板をすりこぎ棒か包丁でたたく音

七草うた

七草なず菜
唐土の鳥が
渡らぬ先に
トントントン
トントントントン

道祖神のうた

前橋市清里地方
採譜　酒井正保

道祖神のうた

道祖神が燃えますよ
はや夜が明けますよ

なるき責めうた

前橋市清里地方
採譜　酒井正保

なるき責めうた

今年しゃなるきかならぬきか
ならねばお前をぶった切るぞ

十日夜うた

十日夜　十日夜　十日夜はいいもんだ
朝そば切りに昼だんご　夜餅食っちゃ
腹太鼓（でえこ）　もぐらも鼠もどけどけ
十日夜　十日夜　朝そば切りに昼だんご
夜餅食っちゃ腹太鼓　蚕は年々上当たり
大尽神ははたっこめ
貧乏神ははたき出せ

十日夜うた

前橋市清里地方
採譜　酒井正保

付

——わらべうたの音組織——

I. 採譜から得た群馬のわらべうたの音組織

1. 群馬の伝統音楽研究の現状

群馬における伝統音楽（民謡やわらべうた）の研究は民俗学的側面・文芸的側面からの探究で、音楽的側面からの探究はほとんどなされていないのである。民謡にしてもわらべうたにしても「歌われる」以上音楽なのだ。その音楽をなおざりにして伝統音楽の存在は有り得ない。民謡やわらべうたは民俗学的側面・文芸的側面・音楽的側面の三方向からの探究されて、はじめて正しく規定することができるのである。

群馬県においては、前述したとおり音楽的側面からの研究は皆無に等しい。民謡やわらべうたの採譜すら正確になされていないのが現状で、もし、なされていても西洋音楽的で、日本の音組織等について配慮がない。

2. 群馬の伝統音楽の研究はわらべうたの音組織の分析から

○分析にあたって把握しておくもの

群馬の伝統音楽の音楽的解明をするには、わらべうたの音組織の分析が必要になってくる。それは、わらべうたの音組織が日本の伝統音楽の原点を見出すことができる貴重な要素を持っているからである。そこでわらべうたの持つ特徴の把握が先ず必要なのである。その一部を上げてみる。

(1) わらべうたは日本語の持つリズム、イントネーションを原形のまま表現している。

〔譜例１〕

〔譜例２〕

日本語は等拍で語られているので、わらべうたを採譜してみると、おおむね「一語一音符」で形成されている。大人の民謡のように激しいメリマスで歌われていない。更に日本語の中には「はねる音」「つめる音」「ひく音」などの特徴を持った言葉があるが、これらのことばも音楽の一拍として歌われている例が多いのである。このようなことからみても、日本語そのものが純粋な形のまま、わらべうたでは表現されているのである。

(2)子供の日常生活での呼び掛け「ことば」などが、生活音楽になっている。

呼び掛けことばの例を採譜してみると、次のようになる。〔譜例1〕

「太郎君、遊びましょ」

生活の中で子供が何げなく呼びかける「ことば」が一定のリズムと旋律で形成されていて、確かな音楽となっているのである。更にこの呼び掛けことばの楽譜を群馬のわらべうたである「ほたるとりうた」と比較総譜してみると、日常生活の子供の呼び掛け「ことば」が、わらべうたの「音楽」と深い関係にあることがわかる。〔譜例2〕

このように「ことば」とわらべうた「音楽」が一致していることがわかる。このことは日本語とわらべうたが共通の根を持っている何よりの証である。いいかえれば、わらべうたは日本の伝統音楽の原点にあるといえよう。

(3)子供の遊びの身体表現や動きでわらべうたのテンポが変ることは、わらべうたの「まりつき歌」等に見ることができる。子供がまり突

手まり歌

みなかみ町関ヶ原
採譜　酒井正保

〔譜例3〕

きが上手になってくると、まりを突きながらさまざまな仕草を入れて突くのである。次にあげるまり突き歌は、利根郡水上町関ヶ原地区で採集したわらべうたである。このわらべうたをあげてみる。〔譜例3〕

あの山で光るのは
月かほうしか　ほうたるか
月なれば　拝みましょ（柏手を打って拝む仕草）
ほたるなれば　手にとる（突いているまりを手に持つ）
手にとる（突いてるまりを又手に持つ）……

このわらべうたの中では、手を合わせて拝む仕草をしたり、まりを突きながら素早くまりを持ったりするが、このようにまり突きの継続中にさまざまな仕草を入れるには、自分で突くまりの早さに「手ごころ」を加えて、その部分のテンポを「ゆるめて」その相間に素早く仕草を入れるのである。この瞬間はことばのリズムがゆるやかになり、仕草を入れる部分のわらべうた（音楽）のテンポは変化するのである。

上述のように、まり突き歌の中では仕草を入れる部分に手ごころを加えて、歌のテンポを自由自在にして、この部分を変格拍子で歌うのである。それは、ま

縄跳び歌

前橋市日吉町
採譜　酒井正保

♩＝約92

〔譜例４〕

りを自分で突き、自分で自由に操作できるからである。

さて、次に縄跳びうたのわらべうたを例に上げてみる。縄跳びの場合も、縄を跳びながらさまざまな仕草を入れて跳ぶものがある。

しかし、縄跳び歌の場合、まり突き歌とちがい、どのような仕草を入れようとも歌のテンポは絶対に変らないのである。曲が終るまで正格拍子で歌われる。

それは次のことがらなのである。

(1)縄を回す者と縄を跳ぶ者が別人である。

(跳ぶ者が縄を回す早さに手ごころを加えることができない)

(2)縄を跳ぶ者は空中に体が浮いていて、重力で体は地上に素早く落ちてしまう。

以上のことから縄跳び歌では、歌のテンポを変えることは絶対にできないのである。

次の縄跳び歌は前橋市日吉町で採集のものである。〔譜例4〕

熊さん熊さん　手をあげて（跳びながら両手を上げる）
熊さん熊さん　足あげて（跳びながら片足あげる）
熊さん熊さん　おじぎして（跳びながらおじぎをする）
熊さん　まわれ右（跳びながらまわれ右をする）……

縄跳び歌は前述したとおり、いかなる仕草が入ろうとも、曲が終了するまでテンポを変えることはできないのである。

まだまだわらべうたの特徴を上げたらきりがない。ともあれ、このように多彩な要素を持つわらべうたの特徴を十分に把握し、次にわらべうたの音組織の分析が重要になってくるのである。

3. わらべうたの終止音と音階の基礎

群馬のわらべうたの音組織の分析をしていくと、わらべうたの音階は近代ヨーロッパ音楽の音階とは全く違った性質のもので、わらべうたは四度を基本的な単位としているのである。

しかし、わらべうたの中にはその四度に至らない、もっと単純な二音だけ（二音旋律）で一曲が形成されているものや三音旋律だけ、四音旋律だけでできているものがある。先ずそれら単純旋律でできている終止形から考察してみる。

1　二音旋律で構成されているわらべうたの終止音

前述したように群馬のわらべうたの中には二つだけの音でできている曲が意外に多い。私たちが今

鬼石町相生町
採譜　酒井正保

〔譜例5〕

どっちにしようか

利根郡川場村　萩室
採譜　酒井正保

〔譜例6〕

猟師さん

まで耳にしてきた近代ヨーロッパ音楽の中には、二音旋律だけで一曲が形成されている曲はほとんど見られない。

かつての群馬の子供たちが音楽理論の知識も持ち合わせないで、二音だけで一曲を作り出してきた創造性には驚嘆する。勿論、曲だけでなくてそれにまつわる歌詞についても、子供たちの手づくりであり、かつての群馬の子供の創造性の原点を知ることができるような気がする。

ともあれ、二音旋律でできているわらべうたの特徴は「唱えごと」のような歌で、メロディーことばと呼んだ方が適切であろう。しかし、二つの音だけでできているわらべうたであっても、りっぱな音楽である。リズム、音程、旋律がしっかりしていて、更に音の動きの規則もきちんと整っているのである。二音旋律からできている群馬のわらべうたの分析をしてみると

(1)二つの音が相隣り合っている
(2)二音間の音程がほとんど長二度である
(3)曲は短く八小節以内で終わっている曲が多い
(4)二つの音（長二度音程）の上の音で終止している
(5)二つの音が短二度音程のときは、下の音で終止する
（しかし、群馬のわらべうたの中には、ほとんどこの種のものはみられない）

次に二音旋律でできている曲を上げる。〔譜例5〕

がんがん竿なれ

みなかみ町 新治町
採譜　酒井正保

〔譜例7〕

やならよしやがれ

伊勢崎市植木
採譜　酒井正保

〔譜例8〕

このわらべうたは、意思決定するときに左手の手の平にツバを乗せ右手の人差指でそれを上から打つ。ツバが多く飛んだ方向に決める。この仕草をしながら歌われるわらべうたである。

〔譜例6〕　このわらべうたは、鬼になった者が集団の輪座の中心に入り目かくしをし、この歌を歌い曲の最後でドカンと言いながら誰かを指差す。指差された者は自分の好きな獲物の鳴きまねをする。鬼になった者は、その声を聞いて鳴きまねした者の名前をあてるのである。

〔譜例7〕　このわらべうたは、秋空高く群をなして渡って来る雁に向って浴びせる歌である。

以上、群馬の二音旋律でできている曲の一部を上げたが、終止音はいずれも二音中の上の音で終止している。

前述したが二音中下の音で終止している場合に、短二度音程のときである。この終止形の曲は、群馬のわらべうたの中ではほとんど見られない。しかし、短二度音程でなくて下の音で終止している曲に出合うことがある。それは、ほとんどの場合、歌い手の誤唱（音痴）のときである。次に長二度音程でありながら、二音中の下の音で終止している曲例を上げておく。〔譜例8〕

このわらべうたは、ゲームに入るのを拒んだりした仲間に向って浴びせる歌である。「芸者の子になれ」など、子

♩＝72　どっちにしようか

高崎市根小屋町
採譜　酒井正保

〔譜例９〕

♩＝92　かかとが欲しけりゃ

桐生市梅田
採譜　酒井正保

〔譜例10〕

〔譜例11〕

供の発想がおもしろい。

この曲のように、長二度音程で下の音で終止しているものは、曲が完全に終った感じがしないのが特徴である。まだ続く感じが残っていて誠に不安定である。

2　三音旋律で構成されているわらべうたの終止音

三音旋律でできているわらべうたは、二音旋律の曲とは比べものにならない程、音楽的で終止も完全に終わった感じが強い。三音旋律の曲を分析すると

(1) 三つの音の真中の音で終止している

(2) 終止する音（ソの音）は、三音中最も強い力を持っている音である

(3) 二音旋律に一音プラスとなって三音旋律になったものであるが、プラスとなったラの音は三音中最も力のない不安定な音である。

〔譜例９〕　このわらべうたは、ものを選ぶときに、この歌に合わせて指を突きながら歌う。歌い終わったときに、指の差してあるものを選ぶのである。

〔譜例10〕　このわらべうたは、子供が登校するときなど

〔譜例12〕 月夜のばんに

前橋市後閑町
採譜　酒井正保

〔譜例13〕 おとこん中に

前橋市富士見町
採譜　酒井正保

に、歩きながら前の人のかかとを踏みつけ合う。このとき歌われる歌である。

譜例11では、プラスになったラの音を（フラット（♭））で半音下げて歌っている。このようにラの音は不安定で力のない音であることがわかる。

4. わらべうた音階の中の軸音

四音旋律の終止音についてはここでは省くが、二音旋律の曲も三音旋律の曲も終止音はソの音である。ソの音はわらべうたの旋律の中で中心になる力を持った音で、すぐ下にあるファの音やすぐ上のラの音を強く引き寄せているのだ。このソの音を軸音と名付けた。この命名は私が仮に付けたもので、軸音の軸とは動力機械などの主軸の意味で中心になる大切な部分であり、更にすべての機能を引きつけている軸の意味から引用した。

この軸音ソの音は民謡やわらべうたの旋律を理解するうえで今後、非常に重要になってくる。

この重要な軸音はわらべうたの旋律の中で、完全四度離れた位置に次の軸音が必ず現れる。次にその曲例を上げる。

〔譜例14〕

お正月つぁ来る来る

太田市茂木
採譜　酒井正保

〔譜例15〕

〔譜例16〕

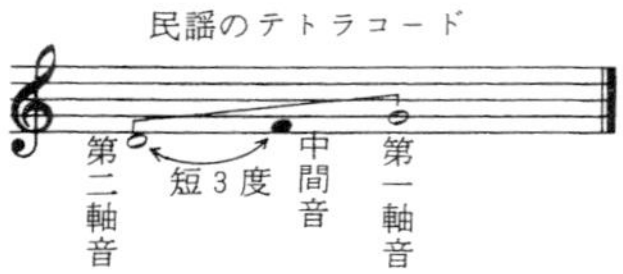

〔譜例12〕　このわらべうたは、絵を描く順序をまちがえないために歌われる絵描き歌である。

〔譜例13〕　このわらべうたは、子供が男女で遊んでいると、それに浴びせるからかい歌である。男女共学で育っている現代っ子たちには考えられまい。

上述の絵描き歌もからかい歌も軸音から完全四度離れたところに次の軸音が現れる。これを「テトラコード」と呼ぶ。テトラコードとは古代ギリシャに由来する音楽理論用語で、連続した四つの音すなわち、両端に完全四度の音をなしており、音組織の基本構造を説明するのに現在各国で用いられている。

はじめ現われた軸音（ソの音）を第一軸音と呼び、次に完全四度離れた所に現われた軸音（レの音）を第二軸音と呼ぶ。この第二軸音レの音も終止することのできる力を十分持っている音である。（第一軸音・第二軸音の命名も私が仮に付けたものである）

また、第一軸音のソの音と第二軸音のレの音の間には、一つだけ音が存在する。この音を中間音と呼び、わらべうたの旋律の中には、このように軸音と軸音の間に一つだけ音を持つのが特徴である。わらべうたの中では、この中間音が非常に重要な役割りを持つのである。この中間音の位置によって、わらべうた音階の種類を決めることができる。〔譜例14〕

1 わらべうた音階、民謡のテトラコード

民謡の音階の中にも多く現われるので「民謡のテトラコード」と呼ぶ。この民謡のテトラコードがわらべうたにも多く現われるので、わらべうた音階の中でも、そのまま「民謡のテトラコード」と呼ぶことにする。

民謡のテトラコードの特徴は、中間音が第二軸音（レの音）の上に短三度の音程を持つのである。次にその例を上げる。〔譜例15・16〕

かつての群馬の歳末に歌われたわらべうたで、庶民感情がそのままこの歌で表現されている。

2 わらべうた音階、律のテトラコード

律のテトラコードは中間音と第二軸音の間に短三度音程を持ち、更に中間音が第一軸音と長二度音程を構成しているわらべうたをいう。次のわらべうたがそれである。〔譜例18〕

このわらべうたは、まりを突きながら歌われる。一般的には「一番はじめは一ノ宮」と歌われてるが、このまりつき歌では「一等はじめは一ノ宮」と歌われているのが珍しい。

〔譜例17〕

〔譜例18〕

〔譜例19〕
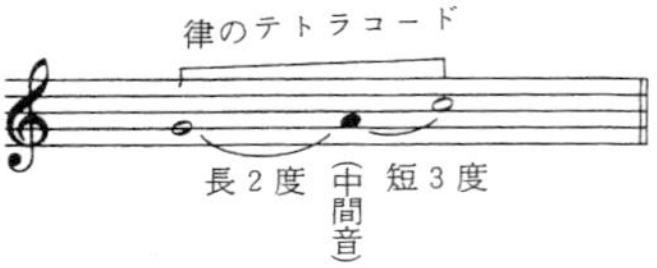

律のテトラコードは、わらべうたの曲の中で比較的高い音域に現われる。上記のまり突き歌のテトラコードは、ソの音とドの音が軸音となっている。新しく現われたドの音の軸音を第三軸音と呼ぶ。（この第一、第二、第三軸音についても便宜上、私的に命名した）。律のテトラコードの名は、古く中国から日本に伝承された音階の名前からとったものである。（譜例17の楽譜のように）

(1)民謡のテトラコードは、真中の第一軸音より下の音域に現われる

(2)民謡のテトラコードは、上行形である〔譜例20〕

(3)律のテトラコードは、真中の第一軸音より上の音域に現われる〔譜例19〕

(4)律のテトラコードは、下行形である〔譜例21〕

どうして民謡のテトラコードが上行形で、律のテトラコードが下行形の性質を持つのか。これは、真中の軸音「ソの音」がより強い力を持っているので、すぐ下のファの音を引き寄せて（ファ↓ソ）上行形の民謡のテトラコードを形成しているのである。

下行形の性質を持つ律のテトラコードは、真中の第一軸音「ソ音」が強力であるため、すぐ上のラの音を引き寄せて（ソ↑ラ）下行形の律のテトラコードを形成しているのである。

〔譜例20〕

〔譜例21〕

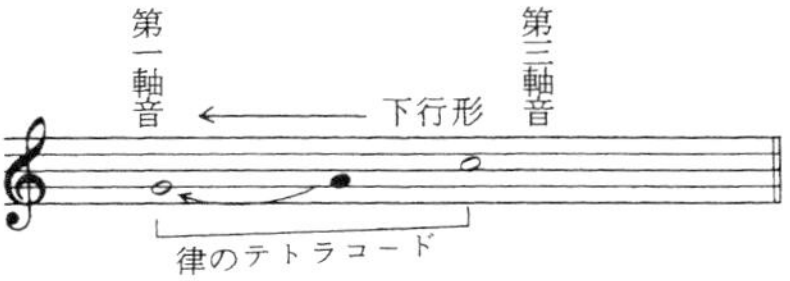

上述したように、わらべうたは真中の強力な第一軸音「ソの音」を中心に音が動いているのであり、民謡のテトラコードは上行形で低い音域に現われ、律のテトラコードは下行形で高い音域に現われるのである。

むすび

伝統音楽の探究は行き詰ることとの連続である。私は主に採譜の面でそれを経験する。

採譜という作業は独特で、微妙な音の世界の中で無から有（音を生み出す）仕事であり、そのとき音楽的な知識だけで、正確な音符（音楽）を作出することは困難なことなのである。伝統音楽を音楽的側面から研究する者は、音楽的知識と同等に民俗学、及び文芸的素養も十分持ち整えて研究に当らなければと思う。採譜は音楽を五線紙の上に、絶対化する責任のある仕事であるから、より慎重でなければならないように思うのである。歌によって五線の中に入らない音に遭遇することがある。そのときは特殊記号を用いて記唱している。

本論で群馬のわらべうたの音組織の分析を通して、終止音と音階の基礎について述べてきたが、その中で論じきれない部分も多々ある。それについては次の機会としたい。

ともあれ日本の伝統音楽の原点にあるわらべうたを今後、更に探究しわらべうたのリズム・旋律法・楽式・音楽的分類等の諸分野についても解明し、西洋音楽が確たる理論があるように群馬の伝統音楽の理論も確立しなければならない。

Ⅱ．子供たちにわらべうたのリズムを

1．はじめに

わらべうたのリズムは、日本伝統音楽の原点といえよう。「使いつくされていない」リズムの形態を持ち、他の民族にない貴重なリズムの性格を持っている。

子供が日常話すことばにもリズムがあり、更に遊びの中にもリズムがある。それは生活のリズムといえよう。その生活のリズムは無意識に存在し、それが即、わらべうたのリズムとなっているのである。

この貴重なリズムを重視し、子供のリズム感をより発展させることは重要である。ややもすると、日本人でありながら西洋音楽オンリーの生活が現実なのか知れない。西洋音楽も大切であるが、それに合わせて、日本伝統音楽の源流であるわらべうたを子供に教育することがより大切なことと思われる。

そこでわらべうた教育の中でまず大切なのは、わらべうたのリズムから導入することである。

リズム教育については、子供に早いうちから始めることが効果的であることは言うまでもない。しかし、それは子供の発達段階に応じてと、指導の方法が大切であると思われる。

少年期に適切な刺激や活動の場を与えることによって、リズム感覚が著しく伸びるといわれている

が、子供の表現をより抵抗少なくするために、やさしくて単純なものから徐々に発展的なものへと運ばねばならない。なお、リズム指導の基本については、松本民之助先生のご指導とご助言を仰いだ。

2. わらべうたのリズム指導の基本

1 ことばの頭打ち

ことばの頭と拍打ちが一致するように、手拍子を打つことからはじめること。

子供たちは日常の生活の中でも手拍子を打つことは多く、それに慣れているので好都合である。手拍子はリズム表現の中で特に貴重なのである。

ここでリズムに取り上げることは、子供の日常生活に慣れしたしんでいることばを取り上げることがポイントである。

それに、学校の教室内や家の中にあるもの、いいかえれば実際に子供が日常目にしている物（目に見える物）からはじめるのがより効果的である。

「例」

(1)教室内に在るもの
（机・いす・ピアノ・時計・黒板）など

(2)家庭内に在るもの
（テレビ・電話・洗濯機・カーテン）など

(3)教室内に居るもの

〔譜例1〕

（先生・太郎君・花子さん・小鳥・金魚）など

(4)家に居るもの

（お父さん・お母さん・おじいちゃん・おばあちゃん・お兄ちゃん・犬・猫・うさぎ・インコ）など

(5)知っているくだもの

（リンゴ・ミカン・バナナ・メロン・スイカ・ナシ）など

(6)乗り物

（自転車・トラック・自動車・バス・船・飛行機）など

このように簡単な分類をし、指導者が「机」と言ったら、子供に手拍子で一つ打ちさせ、「いす・ピアノ」指導者のことばに合わせて一つ打ちさせる。更にそれを画用紙などに絵を書いておいて子供に、一枚一枚見せ指導者が「まど」といって絵を見せたら、譜例1のように、子供に一つ手拍子を打たせる。（○）のところで手拍子を一つ打つ（𝄽）は一拍休みであり、これは子供に「ウン」といわせながら、両手を握り閉めさせる。このウンと一緒に手を握らせることが、一拍休みを確実に取らせる基本である。

○𝄽○𝄽○𝄽は、それぞれ等間隔であるから、統一のあるリズムが自然と出されてきて、子供の身についてくる。この指導では、子供が非常に興味を示し活発に、リズム遊びに飛び込んでくる。

2 友だちの名前（姓）呼びとリズム

身近かな友だちの名称を呼び合うことは、普段親近感をもっている者への呼びかけだけ

〔譜例2〕

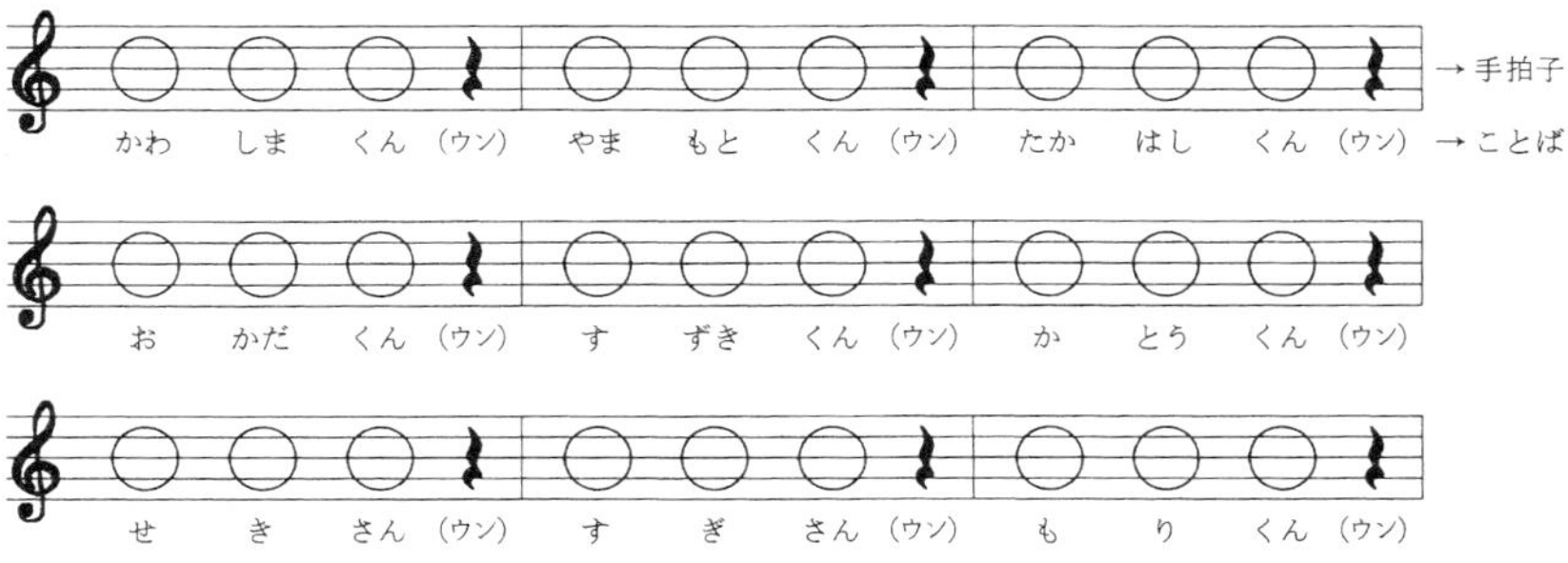

に、子供は活発に乗ってくる。

譜例2のような方法で、友だちの姓を呼び合う。呼びながら手拍子を打つのであるが、子供は一拍目をどうしても強く持ってしまうので、やわらかく打たせるのが大切である。興味本意に一拍目を強く打つ傾向があり、一拍目を強く打つとリズムが乱れて、正常なリズム打ちができなくなる。四文字・三文字・二文字の姓もすべて一拍ずつに拍子を打たせる。このとき大切なのは、はっきり・ゆっくり姓を唱えさせ、手拍子を正確に打たせることである。一つ打ちのリズムが刻めるようになったら、細分化のリズム打ちに入る。四文字から構成されている姓は、○○○《かわしまくん》とか○○○《たかはしくん》など、今まで一つ四つ打ちだったものを、かわ↓半拍子二つ打ち、しま↓半拍子二つ打ちにこまかく手拍子を打たせ、細分化の四つ打ちリズムを身につけさせる。

更に三文字から構成されている姓は、○○○《おかださん》とか○○○《かとうくん》など、「お」が一拍打ちで「かだ」が半二つ打ちとなる。このように友だちの姓にまつわる、「ことばのリズム」を引用して、そのリズムを手拍子のリズムで表現させることは、リズム習得の上でごく大切なことである。〔譜例3〕

二文字から構成されている姓は、○○○《せきさん》などすべて一つ打ちなので幼児には容易である。

いずれの段階のリズム指導を行う場合も、指導者が姓のリズムをことばではっきり、大きく唱え、そこに手拍子のリズムを乗せた「模範的拍子打ち」を行い、子供が模倣できるようにすることが大切である。

〔譜例３〕
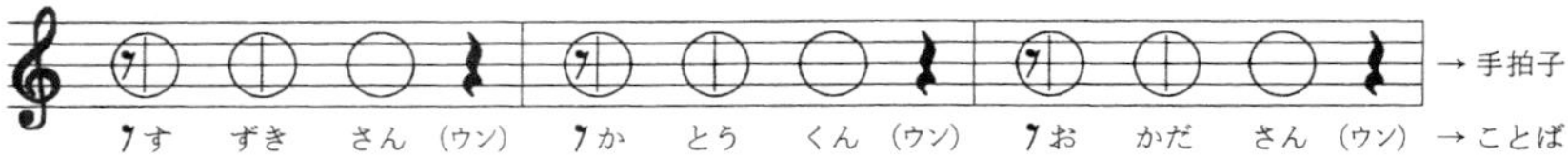

〔譜例４〕
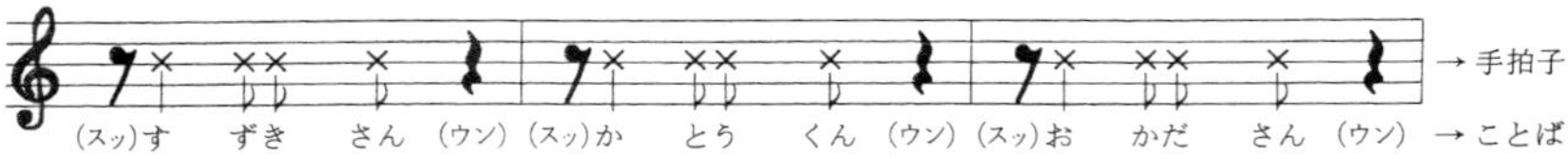

〔譜例５〕

3 三文字の冒頭に八分休符を入れて更に中間の文字を二等分してのリズムの取り方

三文字の子供の名前を取り出し、次のような方法で呼ばせリズムを取らせてみる。

このように楽譜化すると子供には視覚的に難しいが、子供は日常生活の中で友だちに呼びかけたりするのに、無意識にこのようなリズムを使っているのである。次の譜例4・5を参照されたい。

半拍である八分休符（𝄾）を子供に取らせるには、鼻からわずかな息を「スッ」と吸い込ませ、続けて姓を唱えながらリズムを打たせるのがよい。半拍休みを子供は息でつかむのである。

このような方法でリズム指導を行っていることは、特別真新しいことを行っているのではない。すでに子供たちは実生活の中で自然に行っているのである。これを体系化して、方法づけただけのことである。

〔譜例6〕

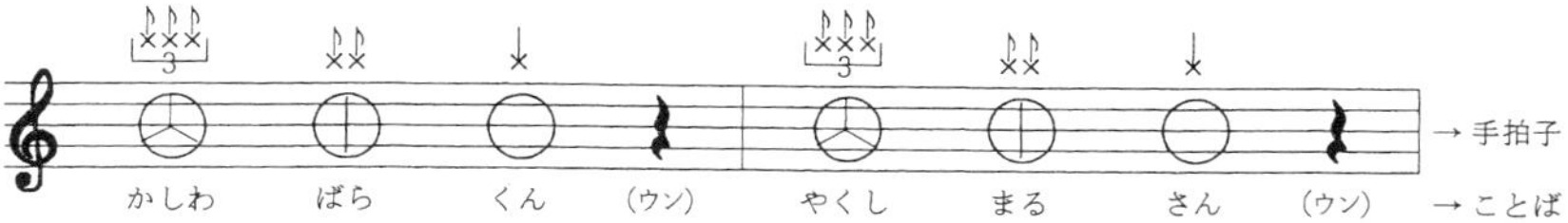

〔譜例7〕
リズム譜

〔譜例8〕
音符

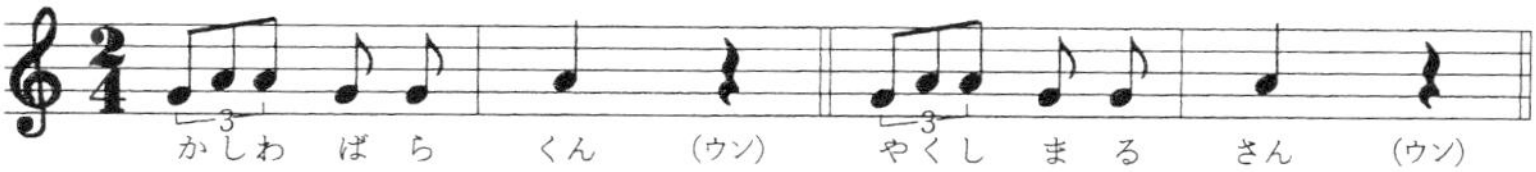

4 変則的な名前のリズムの取り方

変則的な姓では、「かしわばら」「やくしまる」などであるが、これを文字譜にすると次のようになる。

これをリズム譜と音譜にしてみると次のようになる。〔譜例6・7・8〕

このようにリズム譜や音譜にしてみると、視覚的には三連符（三つを一拍に数える）など、子供には理解しきれないむずかしいことになってしまう。しかし、こうした視覚によるものでなく、あくまで子供が日常生活の中で表現している「かしわばらくん」と言う、ことばのリズムをそのままリズム打ちに生かすことによって、子供は感覚的に見事に身につけるのである。子供へのリズム指導の場合、指導者がリズム譜や音譜にたより過ぎることは、かえって邪道となる。

5 リズムの原形と基本形に慣れさせる

わらべうたのリズム分析をしてみると、さまざまな形を持ったものが多い。そのリズムパターンを次にあげる。

No.	字数とその部分	拍の配分によるリズム	No.	字数とその部分	拍の配分によるリズム
1	8（4＋4）字	いちわの ｜ からすが	9	6（3＋3）字	むさし ｜ なごや
2	7（4＋3）字	このゆび ｜ とまれ	10	6（2＋4）字	に で ｜ にかにえ
3	7（4＋3）字	おまえが ｜ く ると	11	5（4＋1）字	あひるの ｜ こ
3′	7（4＋3）字	ふたつに ｜ われ て	12	5（3＋2）字	わ るい ｜ こ わ
4	7（3＋4）字	あ した ｜ てんきに	13	5（3＋2）字	いっちょ ｜ ら い
4′	7（3＋4）字	はち わ ｜ はまべの	14	5（2＋3）字	げ た ｜ か くし
5	7（3＋4）字	こくご ｜ さんすー	15	5（2＋3）字	こ れ ｜ だれの
6	6（4＋2）字	はねるわ ｜ の み	16	4（3＋1）字	ホ ラホ ｜ ラ
7	6（3＋3）字	か ごめ ｜ かごめ	17	4（3＋1）字	おひと ｜ つ
7′	6（3＋3）字	にえ ん ｜ とった	18	4（2＋2）字	お に ｜ や め
8	6（3＋3）字	は しの ｜ し たの	19	4（1＋3）字	ひ ｜ らいた
8′	6（3＋3）字	ひと り ｜ ふ たり	20	4（1＋3）字	ご ｜ ぬ けた

〔譜例９〕

→続く感じ

○基　本　形

→終わった感じ

◎群馬のわらべうたのリズムパターン

こうしたすべてのリズムを子供に押しつけるわけには行かない。段階を踏んで序々に指導することが大切である。そこでわらべうたのリズムの中には、次のようなわらべうた特有なリズムがある。

(1)リズム群の原形でできている曲
(2)基本形でできている曲
(3)原形と基本形が組み合わされてできている曲

そこでまずリズム群の原形と基本形のリズムパターンに慣れさせることが多く、リズム指導にはより効果的である。

子供たちにリズム群の原形でできているものから指導をはじめる。ここでいうリズム群の原形と基本形とは、上記のような形に要約されるものをいう。

ここでリズムの基本になる呼び名も子供にわからせることが大事であり、次のように呼び名をする。〔譜例9〕

♩……タン　♫……タカ

そこでリズム群の原形に慣れさせるために前述したリズムの呼び名と、ことばをつけた旋律でリズム群の原形を手拍子できざませる。〔譜例10〕

6 リズム群の原形の演習

①・②・③は、ことばが付いているので子供は興味を持って行う。何回もくり返し行った後、ことばを変えるために、子犬の絵・すずめ・すいか・みかん・金魚などの絵を黒板にはり、子供がタンタ

ンタンとリズム打ちを行ったら指導者が黒板のどの絵かをさして、その名称を唱えさせる。

更に①・②・③を次のように発展させた形で行う。〔譜例11〕

四分休符のときは、前述したように「ウン」とことばに出しながら両手をにぎりしめると一拍休みとなる。四分休符のとき子供に手を外側へ持って行かせて、空打ちさせる場合があるが、これは表現がオーバーなためにリズムの乱れを生じてくる。四分休符は子供と約束しておいた「ウン」を唱えながら手をにぎらせると、リズムに乱れがなくて良い。子供にはなるべく確実なリズム感を身につけさせねばならない。

以上のようにリズム群の原形に慣れたら、リズム群の基本形を習得させる。わらべうたのリズムを基本形に打ち直してみることによって、リズム群の基本形により慣れてくる。

基本形のリズムの練習として、実際にふるさと群馬の伝承わらべうたを用いて行う。次の譜例12の「からすからす」の曲は秋から春先にかけて夕暮れに、からすが西の山の寝ぐらに集団で帰って行く、そのからすに向って子供たちはこのうたを歌いかけるのである。

7 リズム群の基本形の演習

次の譜例13の「別れるときのうた」は、子供は一日の遊びが終り家近くで友だちと別れるとき、別れ惜しい感情の中でこの歌に合わせて、相手の体を手で打って別れようとする。相手もこの唄を歌いながら打ち返す。いずれも別れを惜しむ中で行われる遊びである。このほか群馬には別れるとき、「わかれが知るし」と歌いながら相手の体を手で一つ打つ遊びもある。

次の譜例14の曲は口遊び歌である。子供は身体の表現を持ってわらべうたで遊ぶものと、言語表現だけで遊びを楽しむものとある。このことば遊び歌は、果樹を植えてから何年目で実を付けるかを

〔譜例10〕 ①

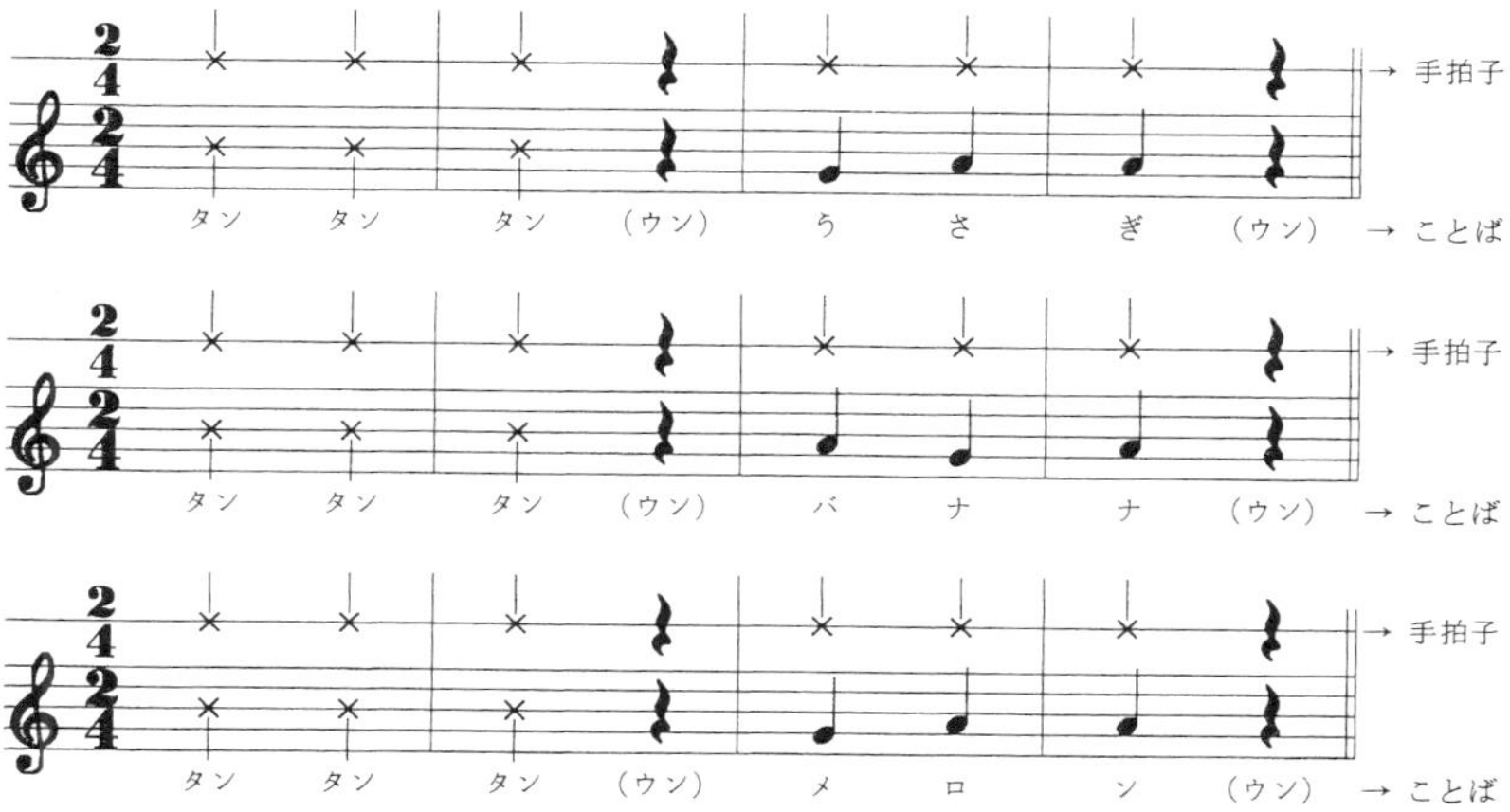

②

③

〔譜例11〕 ①

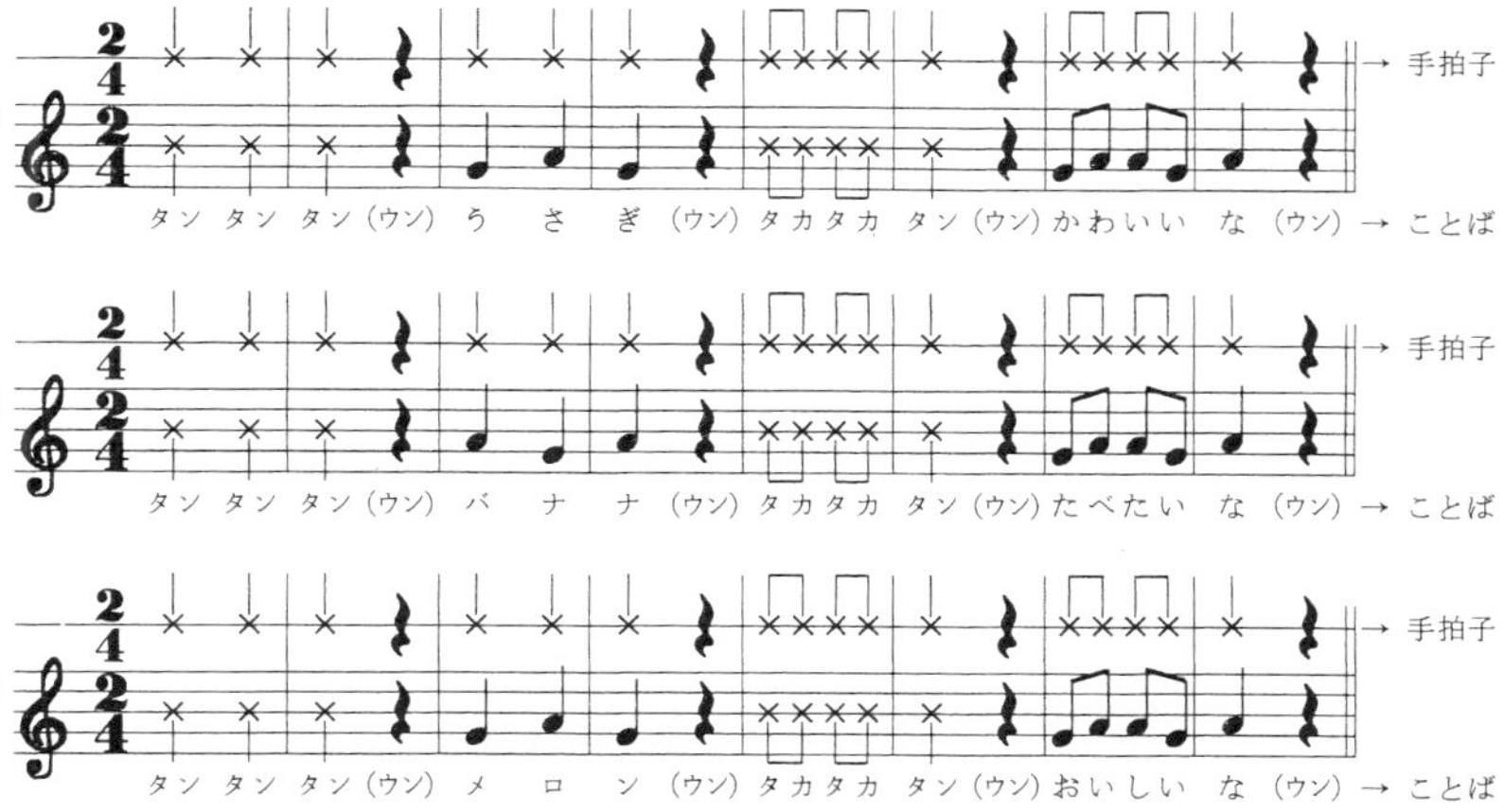

②

③

からすからす

松井田町

〔譜例12〕

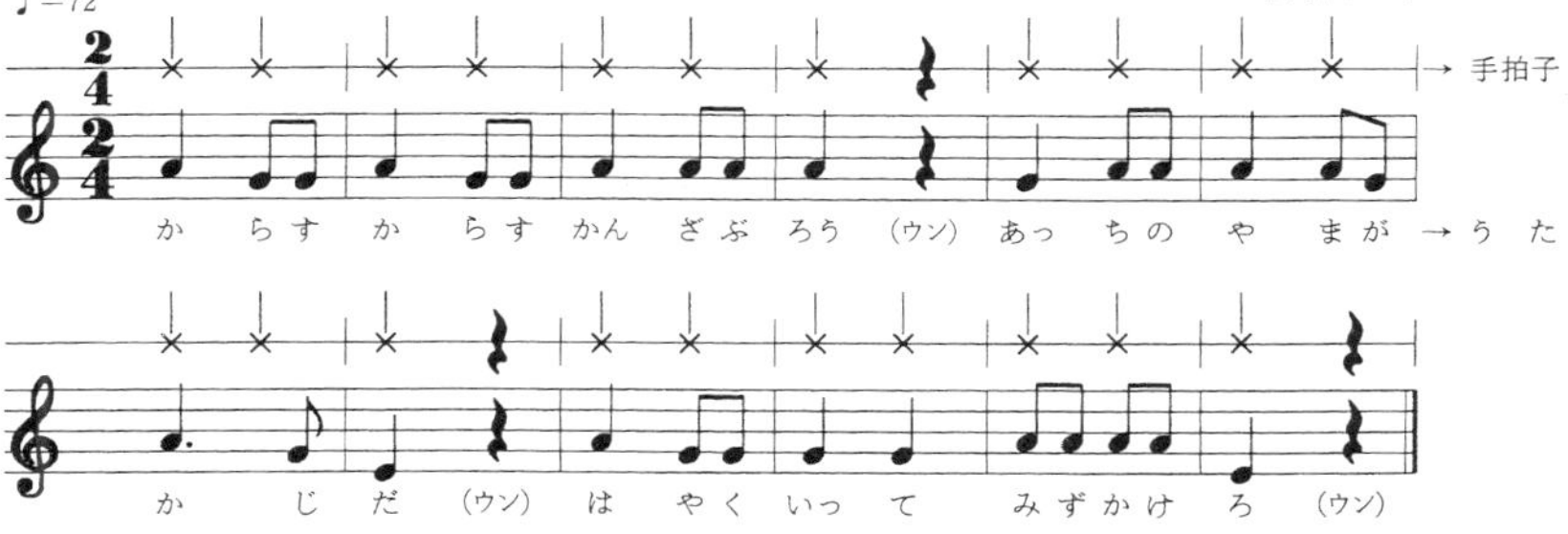

別れるときのうた

大間々町

〔譜例13〕

歌ったものである。群馬のわらべうたの中には、ことば遊び歌は実に多い。このことば遊び歌のように、協同体の中で知っておくべき生活的なことの附帯目的を持ったものもあれば、非常に下劣な内容のものもある。しかし、子供は下劣な歌ほど活発に歌いリズムも正確にとる。

以上のわらべうたのリズム指導で、基本的なことを述べたが、わらべうたを更にリズムのうえからみてみると、わらべうたの展開の様式には、更に厳密なものが存在するのである。

8リズムからみたわらべうたの曲の構成（まとまり）

(1)出発感をもつリズム
(2)連続感（発展）をもつリズム
(3)終止感をもつリズム

以上のものがあるように思える。次に挙げる譜例15の曲「十日夜うた」を分析してみるとより明解である。

「とうかんやとうかんや」と「ゆうめしくっちゃあ」「はらでえこ」の三つのフレーズから構成されている。「とうかんやとうかんや」のフレーズは出発感を持ち、「ゆうめしくっちゃあ」のフレーズで連続感を持ったリズムであり、そして「はらでえこ」の部分で終止感を持っているのである。このように曲のはじめと、曲の終りの部分と長い音価を存在させることによって、出発感や終止感をかもし出し、わらべうたの一

ことば遊びうた

〔譜例14〕

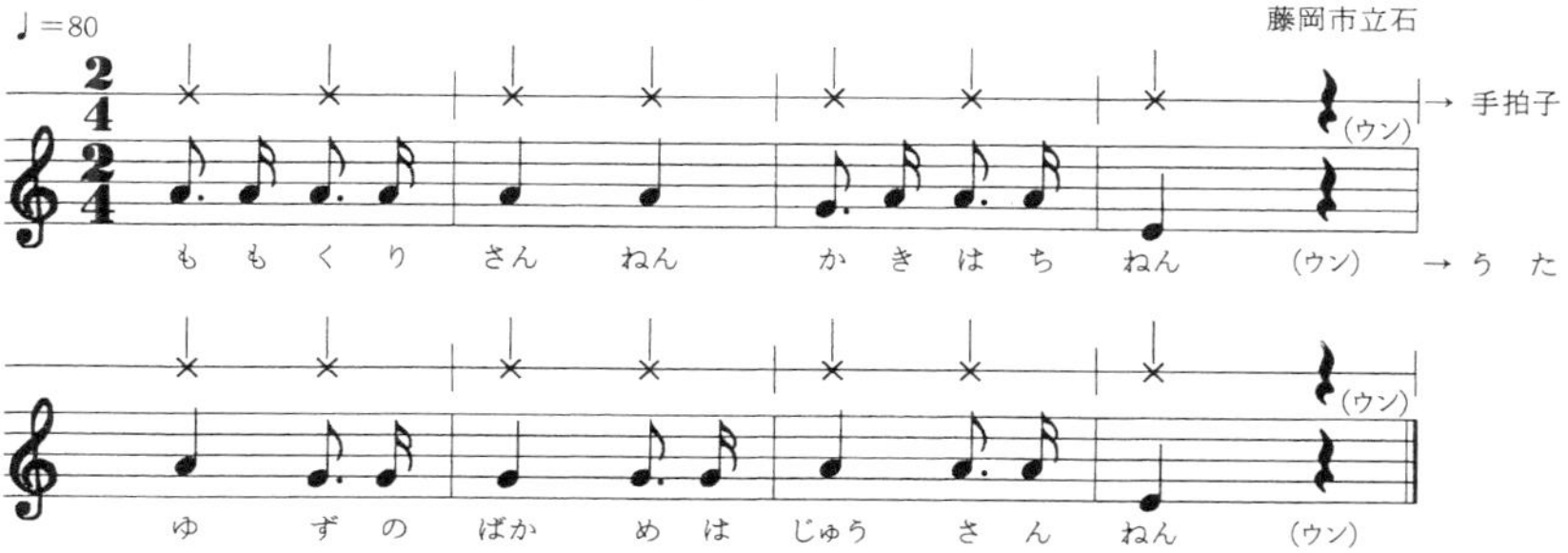

十日夜うた

〔譜例15〕

曲の構成（まとまり）をなしているのである。

十日夜唄は秋の生活行事であり農村地帯で、子供が新藁で作った藁鉄砲で、この歌に合わせて地面を打ち歩くと、もぐらが逃げ麦が豊作になるといわれる。この曲の作詞者も作曲者も不詳である。しかし、奥利根の月夜野地方の古人たちが古く編み出した（自然発生的）なものが、現在まで伝承されてきたものである。何等音楽的素養など持ち合わせていない古人たちが、「麦の予祝を願って」編み出した貴重な群馬の伝統音楽である。十日夜うたという「わらべうた」の中を分析してみると、上述したような実に貴重なリズム（音楽）が存在しているのに驚く。

酒井正保　さかい・まさやす

■略歴
埼玉県に生まれる。日本大学芸術学部音楽学科卒業
劇団バラ座で佐々木孝丸、千秋実両氏に師事
NHKより18年間レギュラーとして連続放送
昭和24年より民俗調査に入る
町田《まちだ》佳声《かしょう》氏、小泉文夫氏、松平頼則《よりつね》氏に師事
元日本大学芸術学部特別講義講師、高崎芸術短期大学教授
育英短期大学教授、群馬医療福祉大学講師、県文化財総合調査委員

■現在
群馬県ボランティア活動推進委員、高崎市人権教育講師

■主な著書
「群馬のわらべうた」（音楽之友社）
「日本の音楽教育」（音楽之友社）
「生徒理解と指導・音楽療法」（群馬教育連盟）
「群馬郷土民謡集」（上毛新聞社）
「上州の民謡とわらべうた」（煥乎堂）
「日本民謡集　関東編」（雄山閣）
「上州の民話」（未来社）
「埼玉・上州の民話」（ほるぷ社）
「上州路のむかしばなし」（あさを社）
「上州風土記　子どもの遊び」（あさを社）
「前橋昔がたり」（朝日印刷）
「新編　群馬の民話」（未来社）
「前橋とその周辺の民話」（朝日印刷）
「群馬のわらべ歌」（柳原書店）
「上州路の埋もれた民俗」（あさを社）
「民話・上州路の笑い話と怖い話」（あさを社）
「日本の民話　―群馬編―」（未来社）
「群馬の伝承わらべうた」（朝日印刷）
「上州最後のマタギたち」（朝日印刷）
「民話が語る上州の妖怪」（上武印刷）
「上州路の民謡を訪ねて」（上毛新聞社）他

■論文
「乳幼児を持つ障害者の家庭教育」（文部省）
他15編

■現住所
〒371-0805　群馬県前橋市南町三丁目74-15　　TEL　027-221-2469

榛名山東面の生活と文化を訪ねて

2015年8月8日　初版発行

著　者　酒井正保

発　行　上毛新聞社事業局出版部
〒371-8666　群馬県前橋市古市町1-50-21
TEL　027-254-9966　FAX　027-254-9906

禁無断転載・複製
落丁・乱丁本は送料小社負担にてお取り替えいたします。
定価はカバーに表示してあります。

© Masayasu Sakai 2015 Printed in Japan
ISBN978-4-86352-139-1